Toyo University

スポーツで大学生を育てる

東洋大学の指導者に学ぶコーチング・メソッド

谷釜尋徳 編著

晃洋書房

とってみても、タイミングを捉えた絶妙な間合いが要求されます。そんな大学スポーツに携わる指導者たちは、どのような世界観をもって選手と日々向き合っているのでしょうか。

本書は、多数のトップアスリートを輩出する東洋大学の運動部の指導者に編著者の谷釜がインタビューをして、大学生をコーチングするうえでの考え方をまとめたものです。

競泳、陸上長距離（駅伝）、陸上短距離、ボクシング、野球、ラグビー、バスケットボール、アイスホッケーの指導に携わる8名のコーチ陣から話を聞きました。大学スポーツ界、プロスポーツ界、さらには世界の舞台で活躍する選手を育てるトップコーチたちが、自身の学生時代の思い出、指導の流儀、教え子である学生への願い、そして有名選手とのエピソードについても赤裸々に語っています。まさに『スポーツで大学生を育てる』という書名にふさわしく、時に厳しくも、思いやりと情熱に溢れた教育者としての顔が垣間見えます。

8名の指導者たちは、スポーツのパフォーマンスを向上させるコーチングの手法や、その背景にある指導哲学を惜しみなく披露してくれました。聞き手としての私の乏しいスポーツ指導経験を補うかのように、基本的なコーチングスキルも分かりやすい表現で説明されています。

どの大学の運動部にも言えることですが、メンバーの中には競技レベルの濃淡があるものです。本書に登場する運動部も例外ではなく、卒業後にトップアスリートとして飛躍する選手もいれば、卒業と同時に本格的な競技人生の幕を引く選手も多数在籍しています。だからこそ、指導者たちは、学生を人間的に成長させて社会に送り出すことも指導の一環として取り込み、使命感をもって学生と向き合っていることがよくわかります。

もちろん、大学の指導者だからといって、すべてをパーフェクトにこなしているわけではありません。インタビューの中で、自身の足りないところを自覚し、過去から現在へ、そして未来に向けてより良い指導者になるべく学び続けるプロセスからは、あくなき向上心を知ることができます。

スポーツの指導者には、継続的な学びが必要だと言われます。その意味で、コーチングの現場で誰しもがつき当たる「なぜ?」「どうやって?」に対する経験値が散りばめられた本書は、さまざまなカテゴリー、さまざまな競技でスポーツ指導に関わる現役コーチにとって、自身の指導観やコーチングスキルをアップデートするための素材が満載です。

インタビュー編の内容を受けて、解説編として「コーチング」と「デュアルキャリア」をテーマとするパートを設けました。現在のコーチングの一般的な考え方、そして、大学生が競技に打ち込みながら将来設計をしていく考え方を平易に解説しています。実践と理論の両面を理解するために、インタビュー編と解説編を読みくらべてみることも、本書の楽しみ方のひとつです。

本書は、大学スポーツの関係者だけではなく、これから大学スポーツにチャレンジする中高生やその指導者、保護者の皆様にもお読みいただけるように構成しています。インタビュー編の各章の最後には、指導者からの中高生へのメッセージを添えました。なぜなら、大学に入る以前の年代で先を見据えた準備ができれば、長い人生全体を捉えながら大好きなスポーツに打ち込める魅力的な大学生活が送れるはずだからです。

なお、本書は２０２０東京大会を機に東洋大学内に設置された「２０２０東京オリンピック・パラリンピック連携事業推進委員会」の事業の一環として企画されました。コロナ禍でのオリンピック・

パラリンピックは日本のスポーツ界にとって歴史的な転機となりましたが、これを通過した今、大学スポーツはどのような道を歩んでいくのでしょうか。学生の成長を日々サポートする指導者たちの語りからヒントを得ようと思い立ったことが本書の出発点です。

高校生でもなく、社会人でもプロでもない、大学生という多感で繊細な年代の若者の成長に寄り添う指導者たちは、日々、何を考え、何に悩み、いかに行動しているのでしょうか。

大学スポーツの指導の心得がつまった一冊をお楽しみください。

編著者　谷釜尋徳

スポーツで大学生を育てる

東洋大学の指導者に学ぶコーチング・メソッド

目次

写真協力 東洋大学広報課

INTERVIEW
インタビュー

INTERVIEW

01

東洋大学水泳部監督

平《ひら》井《い》 伯《のり》昌《まさ》

１９６３年生まれ。東京都出身。早稲田大学卒業後、東京スイミングセンター入社。アテネオリンピック、北京オリンピックで２大会連続の金メダルを獲得した北島康介、同大会で２大会連続の銅メダルを獲得した中村礼子らを育てる。２００８年、競泳日本代表ヘッドコーチに就任。以降のオリンピックでは多数のメダル獲得に貢献。２０１３年より東洋大学水泳部監督。東京オリンピックでも競泳日本代表ヘッドコーチをつとめた。東洋大学法学部教授。

01

01 Norimasa Hirai

──聞き手　谷釜 尋徳

段階的に積み上げるだけではなく、時には戻ることも厭わない

あなたにとってのコーチング哲学とは？

すべての部員に責任を持ち、全力でぶつかる

――大学の指導者として大切にしている信念や、考え方を聞かせてください。

平井　東洋大学水泳部の一員として入部してきてくれた学生に対しては、まず平等に接するように心掛けています。タイムが速いから、遅いからということではなくて、部員として引き受けたからには、責任があると思っています。

レベルの高い、低いは関係なく、水泳部の選手やマネジャーには全力でぶつかるようにしています。速い選手には熱心に指導して、遅い選手には手を抜くということがないように、心掛けていますね。

入部してきて初めて、寮生活、学校生活、部の生活の中で、いろいろなものが見えてきます。例えば、別々の高校に通っていて仲が良かった同級生が、大学になっていろいろなところを見たら、まったく印象が違ったということもありますね。

それまで、合宿や遠征の時しか一緒にならなかった選手同士が、３６５日、同じ寮で暮らします。そうすると、競技に対してというよりも、人間そのものとしての信念や、どのような教育を受けてき

たのかというところが垣間見えるわけですよね。その中で、トラブルが起こることもありますが、とにかく4年間、しっかり面倒を見ていこうというのが、基本的な考えです。

大学の水泳の授業を担当する中で、感じることがあります。水泳部の学生は、小さい頃からスイミングクラブで一生懸命に水泳に携わってきて、小学校の時でも、夏休みに合宿や試合があって、中には親と旅行に行ったことがないという学生もいますよね。

授業を受けている学生から、夏休みに何をしていたのかという話を聞いてみると、ゼミで村おこしに行っていたとか、アルバイトでこういう経験をしたとか、いろいろ教えてくれることがあります。そういう話を聞くと、水泳部員は自分が得意で好きな水泳をやっているわけですが、逆に言うと、一般の大学生や、同年代の人が普通に経験していることを経験できていないわけですよ。だから、そういうことを踏まえて、水泳部員として活動する中でも、できるだけいろいろな経験をさせたいと思っています。例えば、寮の食事がない時に自分たちでケータリングの予約をしたり、合宿の予約も今は旅行会社に全部お願いすれば楽ですが、そこを自分たちで計画するとか、練習を頑張ることも大切ですが、それ以外にも、大学生だからこそできることをたくさん経験してほしいと思っています。

水泳以外の大学生活を味わうために、日曜日を休日に

――東洋大学水泳部は、日曜日を休みにしていると聞きましたが、休日で練習時間が長く取れそうな日曜日をオフにしているのは、何か意図があるのでしょうか。

平井　あります。もちろん、練習をすることを中心に考えると、日曜日に活動するほうが効率的です。ですけど、特に下級生のうちは、月曜日にびっしり授業が入っていることが多いですよね。
　最初は月曜を休みにしていましたが、そうすると、運動部員としての生活はよくても、普通の学生生活や私生活が味わえなくなってしまいます。なので、学生が部活動だけの生活にならないように、日曜休みに切り替えました。

衝撃を受けた「日本の水泳界に就職したと思え!」という言葉

――平井先生が、指導者として影響を受けた方はいるのでしょうか。

平井　この前まで日本水泳連盟の会長をしていた青木剛*さんという方で、僕が東京スイミングセンターに勤務していた時の上司です。この方が、早稲田大学出身の方で、大学の先輩でもありますが、東京スイミングセンターに入社して最初に、「おまえは、東京スイミングセンターに就職したんじゃなく、日本の水泳界に就職したと思え!」と言われました。
　その時、僕は、え、そんな考え方をするのかと思って、本当に衝撃を受けました。だから、僕は日本代表のヘッドコーチや競泳委員長をやらせていただきましたが、そういう水泳連盟の役職を拝命するうえでの基本的な考え方は、すべて青木さんから出来上がっているのではないかと思うぐらい影響を受けましたね。

――平井先生にとって、青木さんの影響は相当大きかったのですね。

平井　もう影響を受けたどころの話ではないですね。青木さんも、いろいろな水泳界の先輩方の意志を受け継いでいる方なので、僕はそれを譲り受けたような、そういう気持ちでやっています。水泳界の先人たちのさまざまな考えがあって、それを青木さんから伝えられて、今、自分が預かっている番という感覚です。

――日本水泳界の歴史的な伝統の中に、平井先生が位置づけられているのですね。

＊**青木剛**　日本を代表する水泳の指導者。ソウルオリンピック（１９８８）で水泳ヘッドコーチ、バルセロナオリンピック（１９９２）で競泳監督、シドニーオリンピック（２０００）とアテネオリンピック（２００４）で水泳監督として指揮を執るなど、日本代表の指導者を歴任した。２０１５〜２０２１年は日本水泳連盟会長も務めた。

ご自身の大学時代をふりかえって

マネジャーへの転向が、指導者を志す大きなきっかけに

――時計の針を巻き戻しますが、大学時代の平井先生は、部活動や大学生活の面で、どのように過ごしていたのでしょうか。

平井　僕は、大学3〜4年生の時はマネジャーとして活動していました。最初は選手として泳いでいましたが、僕が2年生から3年生に上がる時に、2つ下に、ロサンゼルスオリンピック（1984）を狙える学生が2人入ってきて、誰かがマネジャーにならなければいけないというので、僕がなりました。僕は、そんなに速い選手ではなかったので、下級生で泳いでいた時は、もう本当に毎日、こんなきついことがあるのかと思っていました。東京の出身ですが都内の寮に入っていて、1年生の時は、朝の5時前に起きて、寝るのが夜の11時半過ぎという生活で、恐ろしいところに来てしまったなという感じがありました。

――きつかったというのは、練習も、寮生活もでしょうか。

平井　当時ですから、上下関係も厳しかったですね。でも、寮の生活で、自分がその頃に経験していたことと、今の学生の状況を比べると、僕らの時代のほうが自由だったなと思いますね。遊ぶ時は、もう思いっきり遊びました。1年生の時は、さすがに時間はありませんでしたが、門限のない日は自由でしたね。日曜日、みんなで吉祥寺に行ったり、渋谷に行ったり、急に土曜日の夜中に先輩が「今から車で中華街に肉まんを食いに行くぞ」と誘ってくることもあったりして、けっこう楽しかったですね。

1984年、3年生のときにロサンゼルスオリンピックがあって、奥野景介*という後輩が日本代表選手になりました。そこで、自分が競技をやっていたら感じられなかったオリンピックというものが、自分がマネジャーとして指導者側に立ったときに、すごく身近に感じられました。大学4年生の時に、僕は部の運営で、お金のほうのマネジャーと、練習のマネジャーを両方兼ねていました。就活をしている時に、やはり、スポーツを志す人の最高峰であるオリンピックを通じて感じたことが忘れられなくて、それでコーチになることを選びました。

大学の時はマネジャーとして、自分で合宿地を探すこともありました。今みたいにインターネットなどはないですから、いただいた名刺や先輩の紹介を頼りに電話して、直接訪問して、また誰かを紹介してもらうなど、合宿の計画、高校生の勧誘も含め、部の運営のほとんどの仕事を自分でやってい

***奥野景介**　日本代表の競泳選手として、ロサンゼルスオリンピック（1984）に出場。現在は指導者として、早稲田大学水泳部監督、日本代表ではコーチを務める。早稲田大学スポーツ科学学術院教授。

ましたね。なので、僕らは今の学生よりも、大人に接していたと思います。
例えば、OBのところに行って、1カ月ごとの決算報告をしたり、OB会費を集めに回ることもありました。水泳部の活動自体は同年代の集まりですが、特に僕はマネジャーでしたので、練習に来てくださる監督やコーチだけではなくて、OBやいろいろな大人の社会人と常に接していましたね。だから、今の学生を見ていると、就活になって初めて社会と出会うような感じがして、それが僕らの頃とは、ものすごく違うなと思います。
ですが、大学3年の秋から部員が就活を始めると、少し会話が増えてきます。4年になって就職が決まったりすると、やはり話している内容が違いますよね。だから、部活以外の経験はとても大切だということです。日曜休みのこともそうですが、水泳をやる時はしっかりやって、それ以外のところではフリーに動くというのも必要だと思います。

——大学時代、特に3年生で選手からマネジャーに切り替わったところが、今につながるような、すごく大きな転機だったのでしょうか。

平井　大きかったですよ。一緒に泳いでいる選手に対しても、もちろん、速い人は速いし、才能があるなと思っていましたが、やはり同じ選手の目線で見ていました。それが今度、マネジャーになってプールサイドから見ると、この人、こんな才能があったんだなとか、この人、こんな良いところがあるんだなとか、逆に欠点もあるなとか、いろいろなことが見えてきました。選手が選手を見るときは主観が入っていると思いますけど、マネジャーに転向したときに、客観的に物事を見ようと思えたのは今につながっています。

大学生への指導

大学競泳界は、〝完成〟から〝育成〟のカテゴリーに変わりつつある

――平井先生は、アンダーカテゴリーからシニアの日本代表まで、本当に幅広く指導してきましたが、そのような経験から、大学生のカテゴリーには、どのような特徴があると思いますか。

平井　僕らが泳いでいた頃や、1990年代までは、女子競泳選手のピークは10代、男子でも大学生くらいではないかと日本では言われていました。25歳以上、30歳近い男女の競泳選手の可能性として、もうピークは過ぎているのではないかという捉え方がありましたね。

今は、大橋悠依*が東京オリンピックで金メダルを取ったのが26歳で、北島康介*も30歳過ぎまで世界の第一線で泳いでいたわけですから、20代後半から30歳過ぎまではピークを引っ張れると思います。

日本の競泳界もそういう認識に変わってきていますね。

そうすると、以前、大学生の年代がピークだと言われていた頃とは、もう5歳以上のずれがあるわけです。大学のカテゴリーは、以前は「完成」させる時期というイメージがありましたが、今は、僕自身は「育成」していく時期だと感じています。だから、何がなんでも、大学時代に完成させなければならないわけではなくて、大学卒業後の年代で世界のトップになれるような選手がいるなら、26歳、27歳ぐらいまでのスパンで物事を考える中に大学生のカテゴリーを位置づけています。

今、大学生の19歳、20歳といっても、昔と比べると少し考え方が幼いですよね。ＳＮＳだけで物事を済ませてしまうとか、大人と会う機会や、社会と接する機会が少ないのだと思います。

今の大学生年代の全般的な特徴と、競技者としてのピークの捉え方というのが、一致しているような

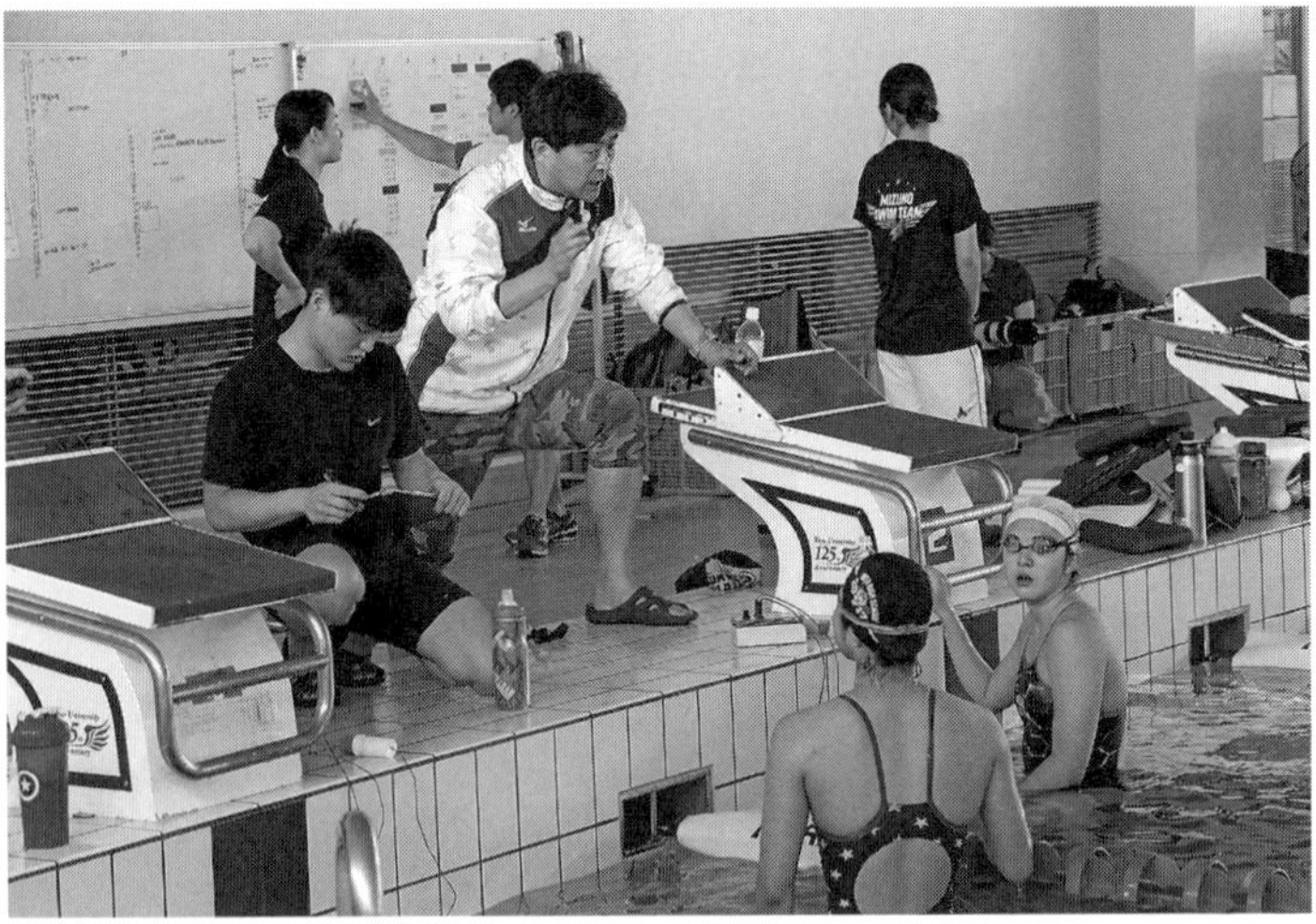

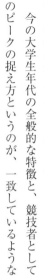

感じがします。大学3〜4年生になって就活をするようになれば、もう社会への扉を叩いている時なので、大人扱いを強めていかなければいけませんが、今の大学1年生をかつてのイメージで完全に大人扱いしてしまうのは、少し難しいかもしれません。だから、大学生に対しては、少し緩やかに、何でもできて当たり前ではなくて、できないことや知らないことがあるのが大前提で、それを4年間で社会に出ても恥ずかしくないレベルに持っていけるように接していく必要があります。

考え方のスキルを向上させる

——大学生が成長段階であるという中で、選手に教え込んでいくティーチングと、選手に考えさせたり、意見を引き出していくコーチングについては、どのようなバランスで考えていますか。

平井　明確に、ここまできたらコーチングに切り替えるという基準はありませんが、会話をしたり、見ている中で、選手には「考え方のスキル」が必要だと思っています。それが向上していくためには、まず考える題材が頭の中にないとはじまりませんので、その題材を与えるために、ティーチングが必

＊大橋悠依　東洋大学出身の競泳選手。大学4年時には世界水泳（2017）に出場し200m個人メドレーで銀メダルを獲得した。東京オリンピック（2021）では、200m個人メドレー、400m個人メドレーで、ともに金メダリストとなった。

＊北島康介　日本を代表する元競泳選手。アテネオリンピック（2004）と北京オリンピック（2008）では、100m平泳ぎ、200m平泳ぎの2連覇2冠の金メダリストとなった。

要ですよね。選手に考えさせれば、自然と考え方のスキルが向上するのなら、こんなに簡単なことはありません。中には要領がよくて、その場の上手な判断でぱぱっとできる選手もいますが、根本的な物事の考え方や捉え方はあまり向上していなくて、知識や知恵が不足している場合があります。なので、指導をするうえでは、選手自身がよく考えて、本当に自分が向上するために物事を判断しているのか、今まで上手くいっていたからこのままでよいと思って決めているのか、あるいは本能的な行動なのか、そういうところを観察しています。

水泳においては、いつも上手な判断をする選手もいますが、大学生から社会人になったり、選手としてのキャリアが終わって次のステージにいった時に、水泳という得意分野で通用していたからといって、社会では簡単には通用しませんよね。そういうところで苦労している選手も多いのは確かです。

ティーチングとしては、いろいろな具体例を示したり、こういう時はこういうふうに考えたほうがいいんじゃないかというアドバイスをたくさんするようにしています。そのうち、そういうティーチングがプラスになったり、本人が勉強していくことで考え方のスキルが上がってくれば、これはどうかな？　などと考えさせるようなコーチングに持っていくこともあります。ですが、ティーチングもコーチングも、臨機応変に両方を織り交ぜていますね。だから、ティーチングがあって、その先にコーチングがあるというだけのイメージではありません。

時には、〝戻る〟ことも必要

平井　戻ることも厭わないという指導ができれば一番良いのかなと思います。ここが終わったから、次のレベルにいくという段階的なイメージが一般的です。しかし、スキルレベルがある段階まで到達したら、そこから戻ってはいけないと考える必要はないですよね。それはトレーニングでも何でもそうです。例えば、試合が近づいてくると、普通は練習量が順調に減っていって、疲れを取るようにしますが、僕が見ていて、これはもしかしたら、もう少し泳いでおいたほうがいいから、練習量を増やすぞということもあります。

そういう、順調に進んでいくところを逆戻りするのは、以前はすごく選手が嫌がりました。見ていると、みんな、それをしませんよね。だけど、大橋の場合は、東京オリンピックの3週間ぐらい前にメンタルダウンがありました。そこで本人と話をして、時間は限られているけど、ぎりぎりまでもう一回、追い込もうということになりました。普通、そういうことはしないのでしょうが、僕は現場で見ていて、変化させる判断も必要だと思います。

——段階的に順序よく積み上げていくだけではなくて、時には逆戻りしていく発想も重要なのですね。

平井　そうなんです。

チームづくり

“最大公約数”を大きくすることで、チームはまとまっていく

――競泳は、分類としては個人種目ですが、平井先生はチームとしてのまとまりをすごく意識しています。特に大学は、団体戦という側面もあるわけですが、先生が東洋大学でチームづくりをしていくうえで大切にしていることは何でしょうか。

平井　まとまれば強くなるわけではありませんが、中には、どんな状況でもチームを引っ張っていける選手もいますよね。「2：6：2の法則」*といって、集団を引っ張る上位層が2割、平均的な中位層が6割、下位のグループが2割に分かれるという話があります。チームがまとまって同じ方向に向かって意識高く進んでいくと、その中位層の6割が上にくっついてボトムアップしていくという、そんなイメージでやっています。

チームとしてのまとまりは、最大公約数を大きくしていくことだと思います。時々、チーム優先で考えることで、自分を犠牲にしないといけないのかという発言をする選手も出てきます。そういうことではなくて、みんな個々の人間性は違いますが、例えば、30人だったら、30人の最大公約数を大き

くすることがチームのまとまりで、ある枠の中に全員を押し込んで、がんじがらめにするわけではありません。
そのチームとして共通の認識、意識、目標を持ちますが、そこからはみ出ている個性も殺さないようにという考えを持っています。もちろん、そのためには最大公約数をみんなが意識できている必要がありますし、お互いを認め合うことや、当たり前のレベルを上げていかなければなりません。チームとしてまとまるということをする前に、本当に低いレベルで言ったら練習を頑張るのは当たり前、もっと低いレベルだと練習に来るのが当たり前、そういうものがありますよね。そういった当たり前のレベルをぐっと上げていく努力をしていくと、共通認識が本当に増えてきますので、チームとしてまとまっていきます。そこに何か特別な要因、例えば、インカレの目標をみんな

＊2：6：2の法則とは、組織のように集団ができると、優秀な上位が2割、平均的な中位の人材が6割、下位のグループが2割に分かれるという考え方である。この法則は、さまざまな分野の集団に当てはまると見られている。「パレートの法則」から派生したものだと言われる。

東洋大学水泳部監督　平井 伯昌

で共有すると、日常の最大公約数が大きくなって、さらにミーティングをすることで、よりまとまっていきますね。

だから、チームを個々の事情の集まりにしてはいけないですよね。そこが難しいところですが、個々を修正していかないと、最大公約数は意識できません。なぜ、最大公約数と表現するかというと、自分と違う考え方、違う要素を持った人がいるという余地は残しておかないといけないからです。それがあいつの特徴だから、そういうところも認めようという考えがないと、決められた枠の中にみんなが入らなければなりませんし、なぜチームのために犠牲にならなければいけないんだという考えも生まれてしまいますよね。

チームづくりでいうと、大学で一番わかりやすいのがインターカレッジです。だけど、インターカレッジが終わったら、翌年の春には日本選手権があって、そこが日本代表の選考会になります。そうすると、そこに向けて、代表を狙える選手同士のチーム意識のようなものも生まれますし、その試合に出られない選手は、またそのチームをつくって活動します。そうなると、少しカテゴリーが違ってきます。だから、同じ水泳部でも、全員がすべて同じというわけにはいかないなと思っています。

もちろん、インカレに出られない選手もいます。そういう選手たちにも、インカレには出られなくても、練習をしっかり頑張ることで、それもチームワークにつながるんだぞと言っています。

うまくいかない時のアプローチ

うまくいかない時の阻害要因は、往々にして水泳以外のところにある

――競技スポーツなので、そこには勝敗、競泳であれば記録という結果もついて回ります。思うようにパフォーマンスが上がらなかったり、練習で良かったけれど、本番では力を発揮できない選手もいると思います。そういう、うまくいかないときのアプローチについて、平井先生の考え方を聞かせてください。

平井　実力以上のことを期待したら、それはいつも失敗してしまいますが、基本的には、良い練習をして、しっかり食事と休養が取れていれば、伸びていくのが当たり前だと思っています。ですが、練習で良かったけれど、本番で実力を発揮できないこともありますよね。普通にやれば、やってきただけの結果が出るはずなのに、それが出なかったということは、何かしらの阻害要因があると考えていますし、それを選手にも伝えています。その阻害要因が、良い練習ができていない、食事がしっかり取れていない、休養できていないといったわかりやすいものなら、それは直せばいいだけですが、往々にして競技そのものではない場合が多いですね。阻害要因は、私生活だったり、チームの中で人

東洋大学水泳部監督　平井 伯昌

間関係がうまくいかない心地悪さだったり、そういう競技以外のところにあることが多いと考えるようにしています。

良い練習ができなくて、良い栄養、良い休養が取れないような根本原因は、モチベーションの低下だったりするわけですが、そのモチベーションが保てない原因は何かというところまで考えなくてはいけません。

結局、泳ぎのテクニックが悪いとか、そういうことは、さまざまな要因から生み出された結果だと思います。大会でのモチベーションや緊張感についても、自分のプールや自分が使っている施設なら、どこに何があるかもわかりますし、いつも泳いでいるメンバーですし、そのグループの中にいる自分の存在や立ち位置もわかっています。しかし、例えば、オリンピックに行ったら、オリンピック選手のメンバーはみんな知り合いではないですよね。知らない人や、よくわからない環境の中では、不安材料が出てきますよね。いつもの環境ならできていたことが、急にできなくなります。だから、予期しない事態が起きた時に、どう対応できるかということが重要です。例えば、合宿に行ってプールが変わっただけで調子がおかしくなるとか、海外へ行ったら、最初はまったく駄目だという選手もいます。自分で自分のコントロールがなかなかできていない状態ですよね。

試合になって実力が発揮できない選手の中には、日常生活で突発的なことがあった時の対応ができない人が多いですね。あとは、いろいろなことに対して受け身になっているケースも多いです。だから、能動的に後輩に話し掛けたり、いろいろやっている選手のほうが、どちらかというと適応能力が高い気はします。

うまくいかないときの対応としては、水泳だけで解決しようとせずに、日常的な考え方や、反応、行動などにも注意を払って、原因を見定めることが大切だと思っています。

トップアスリートへの指導

学年の中で最も叱られていた萩野公介

——平井先生の元からは、在学中にオリンピックに出場したり、卒業後もトップレベルで活躍している選手がたくさん育っています。大学4年生でリオデジャネイロオリンピック（2016）で金メダリストになった萩野公介さん*がいたときは、大学生としての萩野選手に対して、先生からのアプローチとして何か心掛けていたことはあったのでしょうか。

＊**萩野公介**　東洋大学出身の元競泳選手。高校3年時にロンドンオリンピック（2012）400m個人メドレーで銅メダリストとなる。大学4年時には、リオデジャネイロオリンピック（2016）400m個人メドレーで金メダル、200m個人メドレーで銀メダル、4×200mフリーリレーで銅メダルを獲得した。

東洋大学水泳部監督　平井 伯昌

平井　彼は高校3年生のロンドンオリンピック（2012）で、銅メダルを取って入学してきました。当時の水泳部の先輩たちの反応は、もう腫れものに触るような感じでしたね。

おそらく高校時代も、萩野と気軽に親しくできる人というのは、なかなかいなかったのかもしれません。ですから、本当に月並みなことですが、同級生やチームメイトとよく会話したり、コミュニケーションを取れよと彼には言っていました。最初は全然、コミュニケーションを取っていませんでしたからね。

なので、信じられないかもしれませんが、僕はあの学年の中で一番、萩野を叱っていました。当時の彼は、関心のあるものと、関心のないものの差がすごく激しかったですね。大学3年生の時には骨折をしてスランプもありました。結局、人に対してあまり関心がなく、水泳に対してはトップアスリートとして真剣に取り組みますが、違うことだと、自分にはあまり関係ないと思ってしまうところもあったわけですよ。

水泳で悩んでしまうと、技術とか、トレーニングの内容だけで解決しようとしていました。だから、水泳の問題を水泳の中だけで解決しようと思うなと、ずっと萩野には言っていました。学校の勉強だったり、テレビで見たものでも、映画でも何でもいいから、自分が感じたこととか、水泳以外のところでも学んだことはあるはずだから、それを水泳に応用できるようにしないと。小さい頃からエリートとして扱われてきたので、そこが根本的に、彼の悩みだったところがあります。だから、トップアスリートに対してというよりも、一大学生、萩野公介という人間が、もっとこういう考え方を持ってほしいな、こういう人間になってほしいという思いで、すごく厳しく接していました。

苦難の大学生活を経て、充実期を迎えた大橋悠依

――東京オリンピックで見事に金メダルを獲得した大橋選手に対しては、大学生の時には、どのような指導をしていたのでしょうか。

平井　大橋は、高校2年生の時に、すでにスカウトしていました。才能があるのはもちろんですが、すごく線が細くて、繊細なところがありましたね。選手としてのピークも、大学時代ではないだろうとは思っていました。

それに加えて、大橋より1年前に入部した萩野の学年が、内田美希＊、山口観弘＊など、けっこう強力なメンバーがそろっていたので、彼女に対しては、充実期がくるまで待てというような姿勢で接していましたね。もちろん、すごく目は掛けていましたが、繊細でしたし、特に大学2年の時は貧血にもなって、全然調子が上がりませんでした。２０１６年に、リオデジャネイロオリンピックに向けて僕が選抜チームをつくる頃になって、彼女は貧血からだいぶ回復してきて、かなり調子が上がってきま

＊**内田美希**　東洋大学出身の元競泳選手。リオデジャネイロオリンピック（２０１６）に出場し、４×１００mフリーリレーで8位に入賞した。
＊**山口観弘**　東洋大学出身の元競泳選手。２００m平泳ぎの元世界記録保持者である。

東京オリンピック（2021）競泳に出場した東洋大学のメンバー。左から萩野公介氏、酒井夏海選手、平井監督、白井璃緒選手、青木玲緒樹選手、大橋悠依選手。

したが、大橋には、リオが終わってからの順番だぞと伝えていました。

――萩野さんにしても、大橋選手にしても、やはり性格も含めた個々の特性をしっかり見抜いて、選手としてのピークも見定めて指導していたのでしょうか。

平井　そうですね。あとは、萩野も大橋も、大学のチームがあるということはすごく大きかったです。やはり大学の水泳部というところに所属して、本当にさまざまなレベルの選手、育った環境も、考え方も自分と異なる選手たちと練習しながら育っていくというのは、彼らに限らず、すごく重要だと思いますね。

高校までのスイミングクラブの練習だと、どうしてもマンツーマンに近いような状態になって、水泳以外の部分が成長するきっかけはあまりなかったのかもしれません。だから、萩野や大橋は、大学の水泳部に所属することで、仲間とのコミュニケーションだったり、いろいろなところで水泳以外にも学んだ部分があったのではないかと思います。

大学生としての部員へのメッセージ

人生の中で素晴らしい時間を過ごしていることを意識して、一日一日を大切に

――平井先生の元にいる水泳部員たちには、大学生としてどうあってほしいとか、どのような大学生活を送ってほしいと考えていますか。

平井　僕は、自分が大学の水泳部員として経験した、4年生の最後のインカレの光景が、まだ頭の中に思い描けます。卒業後の人生でも素晴らしいことはたくさんあるとは思いますが、大学時代は、とても多感でエネルギッシュな4年間、自分の好きなことに没頭できるという素晴らしい時間ですよね。

東洋大学水泳部監督　平井 伯昌

なかなか、在学中にはわからないかもしれませんが、絶対、自分の人生の中で輝いていた時期だと思う時もくるでしょうし、あんなに充実していた時間はなかったなと思う人もいるはずなので、本当に大学の4年間を大切にしてほしいなと思います。
自分の場合、1年生のときは、もう1日でも早く過ぎろと思うような毎日でしたが、最後の4年のインカレ前になると、もうあと何日しかなくなってしまうなとか、ものすごく、一日一日が大切なものに感じましたね。ぜひ、そういう貴重な時間を過ごしているということを、全員が感じてほしいです。

読者へのメッセージ

水泳だけではなく、さまざまな経験をして視野を広げてほしい

――これから大学競泳界を目指す中高生に向けて、メッセージをお願いします。

平井　大学の運動部に入って、寮生活もすると、大学の勉強も相当忙しい中で競泳に没頭する4年間

になります。だから、中高生の間は、自分の好きな競泳だけにエネルギーを費やしてほしくはないなと思いますね。例えば、今のうちに、友達といっぱい遊んだり、本を読んだりして、競泳だけにならない考え方を培っておいてほしいです。

うちの部員にも、ずっと、水泳だけになるなということは言っていますね。どちらかというと、水泳だけの状態になって大学に入ってくる選手が多い気がします。そうなると、ジュニア年代の指導の仕方も考えなければなりませんよね。ジュニアの指導者の皆さんも、水泳の指導現場では一生懸命に指導されています。だけど、おそらくそれだけでは十分ではなくて、選手には本当にいろんなことを学んでほしいですね。

――みんな、ジュニア世代を経てから大学に上がってきますから、大学に入ってから動機づけをするとしても、どうしても限界がありますよね。

平井　そうなんです。決して遊べと言っているわけではありませんが、中高生の選手には、もう少し考え方に余裕を持って、視野を広げてほしいですね。

（2021年10月4日、東洋大学総合スポーツセンターにて）

INTERVIEW

02

東洋大学陸上競技部長距離部門監督

酒《さか》井《い》 俊《とし》幸《ゆき》

1976年生まれ。福島県出身。学校法人石川高等学校卒業後、東洋大学に入学。1年時から箱根駅伝に3回出場。大学卒業後はコニカ（現・コニカミノルタ）に入社。選手引退後は、母校である学校法人石川高等学校で教鞭をとりながら、同校の陸上部顧問を務めた。2009年より東洋大学陸上競技部長距離部門の監督。就任1年目でチームを箱根駅伝総合優勝に導く。箱根駅伝では、総合優勝3回、準優勝5回、3位3回という成績を挙げる。

02

02 Toshiyuki Sakai

――聞き手 谷釜 尋徳

日々の生活の中から
「その１秒をけずりだす」
ための努力を

あなたにとってのコーチング哲学とは？

競技を通して人間力を磨いてほしい

――大学の指導者として大切にしている信念や、考え方について聞かせてください。

酒井　これまで、高校、そして大学で指導者をしてきましたが、大切にしているのは、教育機関で競技を教えているということです。特に陸上競技の有酸素スポーツは、引退すると競技力が急激に落ちてしまいますが、競技を通じて磨いた人間力は残っていくものだと思います。学生には、競技を通して人間力をしっかり磨いてほしいと思いますが、その背中を後押しすることが、大学の指導者の役割だと考えています。

ご自身の大学時代をふりかえって

受験勉強にも励んでいた高校時代

──酒井監督の大学時代は、陸上競技の面や大学生活の面で、どのように過ごしていたのでしょうか。

酒井　現役時代は、本当に自分は三流選手でした。現在の東洋大学のスタッフ陣には、日本代表選手として現役の頃から活躍された人たちが多い中で、私はただ参加するというレベルで終わっていました。振り返ってみると、やはり目標設定や、何のために競技をやるのか、そういうところに気付くのが遅かったと思っています。高校時代は陸上に対してすごく真剣に時間を費やしてきたわけではなく、むしろ受験勉強のほうを一生懸命やろうと考えていました。それから、東洋大学に声を掛けていただいて、ご縁があって入学しましたが、初めて体育会というものに触れたのは東洋大学に入ってからでした。

高校までは自宅生でしたし、朝練習などは一度もやったことがなく、陸上の合宿よりも勉強の合宿のほうを優先するような高校生活でした。全国高校駅伝にこそ出場しましたが、個人ではインターハイにも出場できていません。大学で箱根駅伝を目指そうかな、東洋大学で競技をやろうかな、ということを考えはじめたのも、全国大会で活躍している同世代の選手達に比べればだいぶ遅かったと思います。

教員免許取得を目指し、空き時間は図書館で勉強していた大学生活

――酒井監督にインタビューをするにあたって、監督の大学時代を知る教授にお話しを聞いてみたのですが、大教室の授業でも必ず前のほうに座っていて、授業の前後には挨拶などのコミュニケーションを取りにくるなど、箱根駅伝を走っていたことを抜きにしても、本当に印象に残る模範的な学生さんだったというエピソードをうかがいました。

酒井　いえいえ。とんでもないです。

――教員免許取得のために教職の勉強も熱心にやっていたそうですが、当時はどのような大学生活を送っていたのでしょうか。

酒井　私は経済学部でした。当時、陸上部員は第二外国語や数学でみんな苦労していましたが、陸上部全体としても、ただ授業に行くだけではなくて、やることをやらないと駄目だよねという意識があ

りました。私自身、大学進学にあたって、教職を取るのと、箱根駅伝を1年目から走るということが親との約束でした。やはり教職はしっかり取らなければという思いがあり、文武両道を目指していました。

――教職を取るとなれば、経済学部の通常の授業にプラスするかたちで教職の科目を受けることになりますよね。川越の合宿所から、往復で3時間かけて白山キャンパスや朝霞キャンパスに通うことを考えると、学業はかなり大変だったのではないでしょうか。

酒井　授業の組み方などは、すごく相談に乗ってくださる学業面でも優秀な先輩がいて、いつも助けていただいていました。当時は寮生活で学習部屋がなかったので、けっこう大学の図書館を利用していましたね。寮生活はすごく鍛えられましたが、今となれば、競技以外の面も学ばせていただきました。試験前は、だいぶ白山や朝霞の図書館を利用させてもらいましたよ。ですから、移動するのは大変でしたけど、大学に行って勉強するのはそんなに苦ではなかったですね。

大学生への指導

――酒井監督は高校での教員生活、指導者生活を経験して、そのあとに東洋大学の指導者になっています。選手を指導するうえで、高校と大学ではどのような違いがあるのでしょうか。

高校教員としてコミュニケーションの取り方を学ぶ

酒井　私は母校（福島県・学法石川高校）に赴任したのですが、部活動の指導者というよりは、一教員としての採用でしたので、社会科の教諭としてクラス担任もしていました。部活動に行けば指導者の声、クラスでは担任の声ということで、さまざまな立場で生徒と関わることで多くを学びましたね。同じ高校生でも、部活動をやっていて目標意識がしっかりしている子と、そうではない一般の子では、接し方も違ってきます。そういう意味では、教科を教えることと、競技を教えることを通して、技術指導以前のコミュニケーション、間の取り方、生徒との距離感を学ぶことができました。高校から大学に来たというプロセスは、私の中で非常に大きいですね。

高校では基礎という土台を作り、大学では基本という柱を立てる

酒井　やはり高校生は、まだまだ人生設計も定まっていませんし、進路も、就職、専門学校、大学などさまざまです。1年目でも先生は先生なので、いろんな子たちと接することで、自分がどのように生徒と接していくべきなのか、すごく勉強させていただきました。答えの導き方も、もちろん大学生とは違います。

競技指導の面では、基礎・基本の中でも、高校生は基礎の部分がすごく大きいですね。なぜ体操をやるのか、ストレッチにはどんな効果があって、どんなストレッチをやるのか、大会に行くときの準備物は何か、後片付けやグラウンド整備はどうすればよいのかなど、本当に基礎ですよね。ただ、その基礎を大事にしていかなければなりません。高校の指導

東洋大学陸上競技部長距離部門監督　酒井 俊幸

においては、基礎のウエイトや幅が大きいと思います。

大学はその基礎があったうえで、今度は基本が入ってきます。施設面でも大学のほうが恵まれていますから、技術指導の割合が増えてくると思います。大学生の競争相手は、もちろん同じ大学生だけではなくて、世界大会になってくれば、実業団、そしてプロとも競っていくことになります。高校生までは完全にアマチュアの部分の基礎を築きながら、全国大会を目標にしていきますけど、大学生はその土台をさらに発展させて、今度は基本という柱を立てていき、プロとも勝負をしなければなりませんし、そこに導いていくための要素も大切です。そういう点では、高校と大学は密接につながっていますが、しっかり順序立てて指導していく必要性があると思っています。

選手を観察し、成長度に合わせてアプローチする

——ここまでのお話しと関連するところですが、大学生の選手としての成長を促していくために、どのような指導上の工夫をしているのでしょうか。

酒井　大学生は4年間ありますから、4年生のときの対応と1年生のときの対応は、もちろん違います。1年生、2年生、3年生、4年生というそれぞれの学年で、まずやらなければいけないことはしっかり念頭に置きます。これは学年全体での話ですね。

個々の選手に対しては、まず新入生は「観察」から入ります。その選手がどういう性格なのか、ど

ういう身体的な特徴があるのか、持続力はあるのか、飽きやすいのか、試合や遠征先や合宿ではどうなのか、学業面はどうなのか、生活面でどうなのか、掃除はしっかりできるのか、挨拶はできるのか、仲間とどうなのかなど、徹底的に観察します。やはり半年ぐらい経たないと見えてきませんが、今度、その選手たちが2年生になってどう変わっていくのか、3年生になって4年生をどのように支えるのか、4年生、最上級生になって責任感が増す選手もいれば、自分勝手になる者もいますし、そういう観察がまず1番目ですね。

2番目に「称賛」と「叱咤激励」です。もちろん、厳しく接することもありますし、そのあとに「静観」をすることもあります。そういったさまざまなアプローチをしながら、最終的にこの選手はどのように持っていくのが適切なのかを考えて、声掛けの方法や、どのタイミングで、どこに合宿に行かせるかなど、個に合わせたかたちで成長を後押しできるように一人ひとりを見ています。

――個々をしっかり観察して、その成長度に合わせてアプローチしているということがよくわかりました。

チームづくり

チームづくりのベースは〝東洋大学〟の気質

――駅伝はまさにチームで戦うスポーツだと言われますが、酒井監督が東洋大学でチームづくりをしていくうえで、大切にしていることは何でしょうか。

酒井　自分の母校ということもありますが、東洋大学には東洋大学のチームづくりがあると思います。チームをどのようにマネジメントしていくのかを考えると、やはり東洋大学全体の気質、東洋大学に歩んでくる学生の気質を土台にしたうえで、チームを作っていくようにしています。酒井のチームだから、酒井色、酒井の教え子、酒井チルドレンとか、そういうものではありません。また、「東洋大学」の誰々というより、選手の名前が先行するように個性を大切にしたいです。酒井の教え子となると、結局、選手は駒になってしまいますが、そうではないですよね。東洋大学は実直な学生が多いです。あまり派手さを好まないですし、大学全体としてもそういう傾向があります。うちの部員は、卒業後に会社組織に入っていく人間が多いので、組織での適応能力が身につくような人材育成をもとにチームづくりに取り組んでいます。

高校生から見ると、東洋大学陸上部の長距離部門はけっこう厳しいと言われます。なぜかというと、やはり目標が高いからとか、あとは「凡事徹底」「その1秒をけずりだせ」というスローガンを掲げることで、努力をしなければというイメージが前面に出てきますよね。しかし、それがひとつのフィルターになって、そこを目標にした選手たちが集まってきますから、逆にすごくやりやすいです。

組織づくりというのは、もちろん、個が強くならないと強くなっていかないのですが、個々がばらばらの方向を向いていても、やはり強くはなりません。肝心なところでベクトルを同じ方向にして、結束するのが駅伝ではすごく大事な要素です。では、どういう方法で結束するかというと、やはり言葉というのも大きいですし、チームの指針、チームスピリッツ、そして、東洋はどのようなチームか、鉄紺の走りはどのようなものなのか、どのような文化を持っているのか、自分たちはどのような責務を負って試合に臨むのか、そういうことをトレーニング以外でしっかり自覚させることが必要だと思っています。

会社には企業理念や社訓があるように、陸上部にも部訓があります。そのチームを代表する選手としてユニホームを着るからには、そのチームの教えを学んで、成長を遂げて巣立っていくという発想はとても大切です。

――チームづくりをしていくうえで、まず「東洋大学」という存在が最初に来るというお話は、競技は違えども、ほかの指導者の方々と共通する部分ですね。

「その1秒をけずりだせ」に込められた想い

――今や有名になった、「その1秒をけずりだせ」というスローガンは、酒井監督が考えたのでしょうか。

酒井　このフレーズは、当時の選手たちと一緒に考えたものです。第87回箱根駅伝は、私が2回目に指揮を執った箱根駅伝で、三連覇が懸かったレースでしたが、21秒差、距離にしてわずか100メートル弱で早稲田大学に負けてしまいました。本来、21秒だと、自分一人で何とかできるような秒差、距離です。しかし、あぁ、自分はもっとこうしておけば良かった、ああしておけば良かったというのは、その1区間を走った選手だけではなくて、全区間を走った10人、さらにはスタッフも含めたチームの全員で、この21秒を背負っていこう、そのために自分から1秒をけずりだす努力をしていこうという方向性になりました。この時、選手たちからさまざまなキーワードを聞いていましたが、その中で印象に残ったのが「1秒」という言葉だったのです。

そういうわけで「1秒を」と入れることになり、「けずる」という言葉は、なにか自分の中から生み出そうという意味を込めて私から提案しました。最初は「1秒をけずりだせ」というフレーズでしたが、最後にコピーライターの方が「その」と付けたほうがいいのではないかということで、「その1秒をけずりだせ」になりました。

しっかり心に刻むスローガンを掲げて、日々の生活の中から1秒をけずりだす努力をしていこうということです。面白いもので、今では箱根駅伝を実況しているアナウンサーたちも「けずれ」という表現をよく使うようになりました。

以前は、あそこまであの言葉が使われることはありませんでしたが、今では定着しています。私としては、これが風化しないことを今の選手たちに言っていますね。

毎年の選手に合った方法を模索する

――酒井監督が就任してから、東洋大学は箱根駅伝で上位の成績を継続して収めています。箱根駅伝に力を入れている大学は関東にもたくさんある中で、好成績を上げ続けるためには、どのようなことが必要なのでしょうか。

酒井　もちろん、知力、気力、体力、すべてが大事ですが、指導者も選手も、やはり自分自身をしっかり磨いていくことを常に忘れないところが重要だと思っています。私自身のことを言えば、初めはもう、何もわからないような状況で、そのとき、そのときで指導していましたが、徐々にいろいろなことがわかってくると、逆に思い切ったことができなくもなってきますし、過去との比較もしてしまいます。ただ、私の考えとして、毎年同じやり方を繰り返すのではなくて、その時々の選手に合ったトレーニングや合宿のやり方を追い求めるようにしています。

文武両道とは

選手の成長にとって、学業は絶対にプラスになる

――大学スポーツを語るうえで、よく「文武両道」や「学業との両立」という言葉が用いられますが、酒井監督は、競技と学業とのバランスについて、どのように考えていますか。

酒井 目先のパフォーマンスだけを考えれば、学業に充てる時間を競技力向上のためのトレーニングに使ったほうが近道になることは想像ができます。ただ、これは箱根駅伝で上位をキープしていることにもつながりますが、多少の時間はかかっても、回り道をしてでも、きちんと凡事徹底、当たり前のことを当たり前にやるということを大事にしています。凡事徹底も大事な部訓のひとつですが、その基準をしっかり上げていくことが大切です。しかし、誰しもが永続的に競技力を向上させたいと思

う一方で、必ず人間は不調にもなります。怪我もあります。メンタルの状態も常に一定ではありません。大学4年間だけで結果を残そうと思えば、本当にハードトレーニングでたたき込んで、残った選手たちで戦うというやり方もなくはないですが、そういう方法では、長らくしっかりとしたチームを作っていくことはできないと思います。

競技力の向上には知力の向上も必要ですし、卒業した後に社会人として競技を続ける者も、学業に向かっていくような姿勢がないと、会社には残れません。大学の授業を受けることは、根気を養ううえでもとても大事な要素だと思っています。90分の授業を1日に何コマも受けることは、受験勉強をしてきた子たちはできますけれども、グラウンドにずっといた子たちにとっては、けっこう集中力が続かないんですよね。

自分が意図しないことをやるのはすごく大切です。レース中でも、自分が意図しない気象状況や試合展開が発生することが多いものです。国際大会なら、なおさらですね。大学生活において、新しい知識を身に付けたり、先生とのコミュニケーションを取ったり、陸上部以外の一般生と交流して友達をつくったりすることは、ものすごく自分のためになります。私は絶対、学業はプラスになると考えていますし、やらないと駄目だと思います。

うまくいかない時のアプローチ

うまくいかない原因を選手自身が理解することが大切

——競技スポーツなので、明確に勝敗や記録という結果が付いて回りますが、思うようにパフォーマンスが上がらなかったり、練習では良かったけれども、本番で力を発揮できない選手も出てきます。そのような、うまくいかないときに、酒井監督はどのようなアプローチをしているのでしょうか。

酒井　まず、トレーニングが継続できなければ、パフォーマンスが上がらないのは大前提ですが、トレーニングを継続していても、試合で実力を発揮できない選手はいます。その原因が何なのかということを、選手が自分自身で理解することが先決です。当日までの調整練習が駄目だったのか、自分を動かすための食べ物の取り方や、水分摂取の仕方に問題があったのか、血液の中はどうなっているのかなど、さまざまな要因が考えられます。一方でメンタルも重要ですよね。副交感神経や交感神経がどうなっているのか、例えば、どうしても緊張の度合いが強くて力が発揮できないのであれば、それを払拭するようなきっかけをどんなかたちで与えるべきなのかを私も考えますが、やはりこれも個に対するアプローチですよね。

選手の心理状態に働きかけるアプローチ

酒井　試合の結果が出なくても、経験を積んでいくことで自信をつかんでいく選手もいます。あとは、もうそんなことは言っていられないぞ、行くしかないんだぞと発破をかけて、気負わせる方法もあります。人間は窮地に追い込まれると、やるしかないですからね。ピンチはチャンスではないですけど、陸上部も箱根駅伝で初優勝をしたときは不祥事のあとでした。組織として本当に厳しい状況で、初タイトルを取っています。ちょっとした気持ちの置き方ひとつで、まったく変わってきますよね。シード権ぎりぎりで取るか取らないか、優勝が懸かっているここ一番など、本当の意味でものすごいプレッシャーがかかる場面は、そこを乗り越えれば選手はぐんと伸びていきます。なので、責任感が強い選手ならいけるのではないかと考えたり、指導者もある意味、賭けですよね。乗ったときは、選手は以前からは考えられないほどの急成長を遂げることもあるので、そういう思い切ったアプローチも時には必要だと思っています。

――選手起用も、選手を成長させるアプローチの一環として重要なポイントでしょうか。

酒井　もちろん、そうですね。自信を付けさせるための試合もありますが、箱根駅伝の本番もそうですし、海外のレース、実業団と一緒の試合など、そういう緊張の度合いが強いときは、選手が成長のきっかけをつかむチャンスでもあると思っています。

——箱根駅伝は、想像できないほどのプレッシャーが掛かりますよね。あれだけの人が沿道にいて、日本中の人がみんなテレビで見ています。そういう大舞台で走るというのは、やはり尋常じゃない心理状態なのでしょうか。

酒井　そうですね。あの大舞台で力を発揮するために、普段から何を考えてトレーニングをするかというのは、すごく大事だと思います。何も考えない無心の状態、いわゆるゾーンに入るときがありますけど、そのためには、練習のときから本番を想定しておく必要があります。

あとは、チームの中で自分がやるべきことや、裏方で支えてくれている仲間の存在など、そういうことも考えられるようになってくると、本番で自分と戦っているだけで終わるのか、相手と戦うのか、そして、その大舞台で主役になれるのかも変わってきます。失敗してしまうのは、うまく走りたいとか、自分自身としか戦っていない場合ですよね。それを乗り越えると、自分が思っている以上の力を発揮することもありますし、こちらがびっくりするぐらい強くなることもあります。ぜひ、そういう大舞台で、全員が良い笑顔で楽しそうに走ってほしいので、こういうところで走れると楽しいぞとか、喜んでもらえるぞとか、そういうアプローチもしています。

トップアスリートへの指導

選手自身の意思表示を待って、世界につながるアプローチをする

――酒井監督の元からは、卒業後もトップレベルで活躍する選手がたくさん育っています。東京オリンピックには、服部勇馬選手、相澤晃選手が出場しましたが、そういう選手が在学していたときは、彼らに対する指導として、それぞれ何か心掛けていたことはあるのでしょうか。

酒井　彼らはともに、学生長距離界を代表する選手で、もちろん在学中から日の丸を背負うことを意識した選手ですが、2人とも、下級生のときは、チームの中で特別扱いはしませんでした。指導法としては、まだ基本をつくっている段階ですし、チーム内での役割分担や、指導する基準も、特別扱いをしてはいけないと思っています。怪我や体調不良、あとは人間関係の部分などへの配慮はしますが、プライドがマイナスに働くこともあるので、大学に入って世界を目指す選手には、高校までのプライドをまず少しへし折るというか、そういうことを経験させる意味でも特別扱いはしません。

あとは、監督がオリンピックを目指すぞと言うのと、選手本人が目指すのでは大きな差があります。選手がオリンピックを目指しますと言うなら、実際に出場したときに、どうやって戦うのかという課

服部勇馬

東洋大学出身の陸上長距離の選手。第91回、92回箱根駅伝では、２区で２年連続区間賞を獲得した。卒業後はトヨタ自動車に所属し、2021年の東京オリンピックでは日本代表としてマラソンに出場した（73位）。

相澤　晃

東洋大学出身の陸上長距離の選手。大学４年時には学生三大駅伝の全てで区間新記録を樹立した。卒業後は旭化成に所属し、2020年には10,000ｍで日本記録を樹立。2021年の東京オリンピックでは日本代表として10,000ｍに出場した（17位）。

題も出てきます。さらには、戦った後はどうするのか。メダルが取れたら、その後はどうするのか。実際には、メダルが取れない可能性のほうが高いので、その後はどうやっていくのかなど、さまざまなことを想定しなければなりません。

オリンピックに出たいと口にするのは簡単ですが、そこにはいろいろなことが関わってきます。それでも、選手が目指しますと言ってきたときには、やはり専門的な技術指導をほかの選手たちよりも、さらに上乗せしていきます。声掛けの内容も、世界と勝負することから逆算して考えますし、トレーニングの方法も3年生、4年生になってくると、かなり個別性が出てきます。出る試合の選別の仕方も個人によって異なりますし、リカバリーの面も含めて目標に応じて細かくなっていきます。

――選手自らが、具体的な目標設定をしっかりとできるように監督が促していくということでしょうか。

酒井　そうですね。選手自身が本気になって目指すと意思表示をしてきたときに、こちらも、じゃあいくぞ、というかたちで動いていきます。もちろん、将来いけるぞとか、マラソンは面白いよとか、下級生の頃から働きかけはします。服部勇馬自身が、本当にオリンピック、特に東京オリンピックを目指したいと世界の舞台を考えはじめたのは大学2年生の冬でした。

相澤晃がオリンピックを目指したいと、みんなの前で口に出すようになったのは、4年生になってからです。

僕は東京オリンピックに出ますとか、そのように自分の競技プランを人前で、メディアの前でも話せるようになってくると、それだけ自覚が出てきますから、ほかの選手たちよりも意識は高くなりますよね。

大学生としての部員へのメッセージ

大学生活の一瞬一瞬を大事にしてほしい

――酒井監督の元で頑張っている部員たちには、大学生としてどうあってほしいとか、どのような大学生活を送ってほしいと考えていますか。

酒井　今、チームでは、新型コロナウィルスの感染拡大の影響で、いろいろ制限された生活が続いています。その中で、東洋大学陸上部がもうワンランク上のチームになるためには、過去に優勝していたときと同じようなやり方ではいけません。今は、特に「自立と自律」というテーマを掲げたチーム運営をしていますね。自らやるということと、自ら律するということです。

第96回箱根駅伝に臨む壮行会の様子

　学生たちには、競技や寮生活を通じて、良い意味で大人の世界に入っていってほしいなと思います。本来なら、学校生活を大いに楽しんでほしいですが、コロナ禍で制限された非日常の経験は、今後の自分にとって間違いなく心に残りますし、新しい核になる部分が生まれる可能性も十分にあります。

　こういう中で巡り会えた大学、私たちスタッフやチームメイトとの縁もそうですし、その一瞬一瞬を大事にしてほしいと思っています。変化に乏しい生活になりがちですけども、この一瞬をしっかり胸に刻んで、歩んでいってほしいですね。

東洋大学陸上競技部長距離部門監督　酒井 俊幸

読者へのメッセージ

健全な体なくして、健全な心は育まれない

――これから大学の陸上長距離界を目指す中高生に向けて、メッセージをお願いします。

酒井　子どもの数がどんどん減っていく中で、もし陸上競技を続けている子がいれば、やはり陸上競技に夢中になってほしいですね。中高生のジュニア時代には、ぜひ、健全な体と健全な心を養ってほしいと思います。そのためには、家族との時間を大切にすべきですし、保護者の方も、毎回の食事を大事にしてほしいですね。

健全な体なくして、健全な心は育まれないので、チームでも「食育」に取り組んでいます。学生たちも入学した当初は、こんなに食べるのかと思うみたいですけど、食べることも大事なトレーニングの一環として捉えています。中高生には、健やかな体と心を育てながら、陸上を好きになってほしいと思います。

（2021年9月29日、オンラインにて）

INTERVIEW

INTERVIEW

03

東洋大学陸上競技部短距離部門コーチ

土江《つちえ》 寛裕《ひろやす》

1974年生まれ。島根県出身。早稲田大学卒業後、富士通に入社。アトランタオリンピック、アテネオリンピックに出場。アテネでは4×100mリレーのメンバーとして日本新記録を樹立し、4位入賞を果たす。現役引退後は指導者として活躍。2014年より東洋大学陸上競技部短距離部門コーチを務め、男子100メートルで日本人初の9秒台となる9秒98をマークした桐生祥秀の指導にあたる。2018年から日本陸上競技連盟オリンピック強化コーチに就任。東洋大学法学部教授。

横並びの関係で、選手とともに考える指導者でありたい

03

Hiroyasu Tsuchie

──聞き手 谷釜 尋徳

あなたにとってのコーチング哲学とは？

〝縦並び〟から〝横並び〟のコーチングへの変化

――大学の指導者として大切にしている信念や、考え方を聞かせてください。

土江　普通、信念と言えば、揺るぎない、ずっと変わらないものだと思います。しかし、東洋大学で8年、その前に城西大学で7年、もう15年ほど指導者をしていますが、私がプライオリティーとして一番高く持っているものは、どんどん変わってきています。

もともと、自分自身が競技者でしたので、そこにすごく自信を持っていました。最初は、どちらかというと、選手に知識を与え、教え込んでいくティーチングのスタイルが強すぎて、そこに反省もあります。ひとつの転機は、桐生祥秀選手を指導することになって東洋大学に着任して1年目の頃でした。桐生という強烈にレベルの高い、言ってみれば、自分の実績よりもはるか上のレベルの選手を指導することになったわけです。そうすると、徐々に、こちらの思うように指導するとか、連れて行くというよりも、むしろ伴走者として横にいるスタイルに変わっていきましたね。選手のレベルが高くなればなるほど、そういうスタイルで関わっていくことが必要だと考えています。

桐生祥秀

東洋大学出身の陸上短距離の選手。大学３年時にはリオデジャネイロオリンピック（2016）に出場し4×100ｍリレーで銀メダルを獲得した。大学４年時には、日本学生陸上競技対校選手権大会の100ｍ決勝で９秒98という記録を出し、日本人初の９秒台スプリンターとなった。

昔ながらの日本のコーチングのスタイルは、師弟関係で上からドンと指導していく傾向がありました。それも大事なことかもしれませんが、私自身は、教え導くというところから、一緒に考えて選手とともに試行錯誤していくというスタイルに変わってきていますね。

大学の部員の中には、さまざまなレベルの選手がいます。桐生のような日本代表クラスの選手もいれば、自己ベストを狙ってトレーニングをして、インカレなどの大きな大会に出られなくても、自己ベストを出して満足して卒業していく学生もいます。もしくは、それも達成できなくて、悔しい思いをして卒業する選手もいるわけですが、すべての選手に対して、縦並びではなくて、横並びでありたいなと思います。選手の横にいて、選手

東洋大学陸上競技部短距離部門コーチ　土江　寛裕

とともに考えていくような、そういう指導者でありたいと常に考えています。現状でそれができているかというと、かなりクエスチョンな部分は多いのですが、そのように心掛けているところです。

――土江先生の指導者生活を振り返ると、いわゆるティーチングが多めのスタイルから、伴走者になり、サポーターになり、まさにコーチングに変わってきたということですね。

土江 はい。もちろん、指導をするうえでティーチングも絶対に必要なので、そこを捨てるわけではなく、バランスよく取り入れています。

指導観を変えた、梶原監督との出会い

土江 選手とともにあろうとするスタイルは、1人で辿り着いたわけではありません。城西大学のときは監督でしたが、東洋大学に来てからはコーチという立場で、監督の下で指導しています。うちの梶原監督*は、どちらかというと、競技者として名声を上げた方ではなくて、地道にずっと指導者としてやられている方です。

梶原監督が、まさにそういうスタイルで、僕の「コーチとしてのコーチ」のような存在ですね。僕がやることに対して、絶対に否定はされませんが、梶原先生の過去の経験から、こういうときにはこうなんじゃないかということを一緒に考えてくれます。東洋大学に来た陸上短距離の選手は、うちに

来なければ良かったと後悔して卒業していく選手はほぼゼロに近いと思います。梶原監督のスタイルが選手たちの信頼を生んでいるからこそですが、それを間近で見てきたからこそ、自分もそういう考え方に変わってこられたのだと思います。

——土江先生にとって、梶原先生との出会いはとても大きな出来事だったのですね。梶原先生は、ある意味で、土江先生にとってのメンターというか、最近で言えば「コーチデベロッパー」*のような存在だということでしょうか。

土江　まさに、その通りです。

***梶原道明**　日本の陸上指導者。1986年から東洋大学陸上競技部短距離部門の指導に携わり、1989年からは監督を務め、現在は土江コーチとともに選手の指導に当たっている。

*コーチデベロッパーとは、コーチの継続的な学びと成長を支援し、グッドコーチを育成する者のことを言う。「コーチのコーチ」と表現されることもある。

ご自身の大学時代をふりかえって

コーチ不在の大学時代は、〝速く走るための研究〟に没頭
——文武一体型のスタイルでオリンピック選手へ

——土江先生の大学時代は、競技者としてもトップレベルで活躍しながら、大学生活も授業もあって、とても忙しかったと思いますが、当時はどのような生活をしていたのでしょうか。

土江　私が通っていたのは、早稲田大学の人間科学部スポーツ科学科で、現在のスポーツ科学部の元になった学科です。

僕は高校時代、インターハイでは１００ｍで3番でしたが、本当にまぐれで3番になったような感じでした。なので、オリンピックなど、とても想像するようなレベルではありませんでしたが、大学に入って、スポーツ科学を学びながらトレーニングをすることで、すごく競技力が高められました。特に、陸上の短距離は、力学的な知識があるかどうかで随分記録が変わる種目だと今でも思っています。私の研究の専門分野はバイオメカニクスですが、大学2年生からバイオメカニクスのゼミに入りました。力学は高校時代に少し勉強したぐらいでしたが、動作分析を使って、スポーツに応用したか

たちで力学を学んでいきました。どうやって走ったら速くなるのか？　速い選手はどうやって走っているのか？　ということを研究しながら、それをトレーニングに落とし込んでいったのです。

私の大学時代は、短距離専門の専任のコーチはおらず、普段、平日は仕事をしている方が週末に少し見に来るというかたちでしたので、基本的には自分でトレーニングを組み立てる必要がありました。そういう状況でしたので、バイオメカニクスの勉強をしながら自分で試行錯誤していくうちに、競技力が少しずつ高くなっていったのだと思います。

うまく結果が出て、4年生でアトランタオリンピック（1996）に出場できました。実業団の富士通にお願いをしていて、オリンピックに出たら入れてやると言われていましたが、出られたので入れてもらえたわけです。普通、実業団は半分は会社に通いますが、会社に通わずに時間をください、その代わり給料は安くてもいいからというお願いをしました。大学卒業後は、そのまま早稲田大学大学院の修士課程へ進学をして、そこでさらにバイオメカニクスの研究を深めながら、実業団の選手として競技を続けていたわけです。

なので、僕の場合は文武両道というよりも、文武が同じでしたね。自分がやっているスポーツと、大学や大学院で学んでいること、研究していることというのが「両立」というよりも「同立」や「同一」だったのです。

――もう、文武が一体化しているようなかたちですね。

土江　はい。なので、文武両道などと意識したことはまったくなくて、競技力を上げるために大学や大学院で学んでいたようなかたちになりますね。

――土江先生の場合は、「文武両道」というよりも、「文武不岐*」という言葉に近いように感じました。文と武は分かつものではなく、もともと一体化したものだという意味ですね。

“走る研究者”として、大学教員・指導者を志す

――土江先生は、大学院での研究生活を送りながら社会人生活も送り、競技者生活も送っていたということですよね。

土江　はい。現役で競技者をしている期間は、ずっと大学院に行っていたので、2年間留学した時期はありましたけど、基本的にはずっと学生であり、競技者でした。

――そのような経験が、後々の人生に役立ったことはありますか。

土江　1つ言えることとは、大学生活の中で卒業後の人生の目標を決められたことは大きいですよね。やはり、これだけ陸上を頑張ってきたので、一番頑張ってきたことを仕事にしたいと思い、陸上の指

導者を目指すことにしました。そのためには、大学院で学んで、大学の教員になって、教員として指導に携わりたいという明確な目標ができましたね。

――陸上関係に限らず、学生時代の先生で、影響を受けた方はいるのでしょうか。

土江　僕が博士の学位を取得した時の指導教授、福永哲夫先生*ですね。福永先生が、スポーツの競技をやりながら研究をして、研究を競技に落とし込んだり、競技を研究に落とし込むことをすごく高く評価してくださったのが、とても大きかったと思います。あとは、研究は1人ではなくチームでやることが多くて、周りに野球の研究をしている人とか、ラグビーの研究をしている人とか、もしくは、もっと基礎的な筋肉の内部の研究をしている人とか、腱の研究をしている人とかがたくさんいて、研究室の仲間がやっている研究をお互いに手伝ったりすることで多方面の知識が増えていったので、大学院時代の仲間にもすごく影響や刺激を受けました。

---

*文武不岐とは、文武の根本はひとつであり、本来は分かれているものではなく、重なり合っているべきものという考え方である。

***福永哲夫**　日本のスポーツ科学者。当時は早稲田大学教授を務め、後に鹿屋体育大学学長に就任した。東京大学名誉教授、早稲田大学名誉教授、鹿屋体育大学名誉教授。

大学生への指導

選手のモチベーションに働きかける〝横並び〟の指導法

――大学生の選手としての成長を促すために、どのような指導上の工夫をしていますか。

土江　先ほど、縦から横にという話をしましたが、「横並び」という意味では、やはり教えすぎないこともポイントだと思います。とはいえ、かなり強めに選手に言ってしまって、あぁ、失敗したなと思うことのほうが日常茶飯事ですね……。

選手が自ら考えるというか、そもそもの意志ですよね。陸上の短距離の選手でしたら、誰しもが確実に速くなりたいと思っていますので、その本来のモチベーションをどれだけ高めてあげられるかを大切にしています。どうしても、練習となれば厳しいことも多いので、周りの様子を見て、自分もこれぐらいでいいやという雰囲気になりがちですよね。でも、本来はそうではなくて、自分で自分のことを速くしたいと思っているわけで、その辺のモチベーションをしっかりと持たせてあげることを大事にしたいとは思いますけれども、実際には、なかなかうまくできていません。選手が自ら、速くなるためにどうするべきかを考えて、意欲的にトレーニングに取り組むような、そういう雰囲気やモチ

ベーションを高める手法を使いたいですね。

“失敗から学ぶ”というマインド

――私はチームスポーツに関わっているので、個人競技のコーチングはイメージできないのですが、コーチングの研修会に出ると、教え込んでいく、知識を伝達することを“Push”、選手から考えを引き出すことを“Pull”と表現して、そのPushとPullのバランスみたいなところが議論になります。土江先生は、そのあたりのバランスについて、どのように考えていますか。

土江　どうしても、Pushが多くなってしまうので、できるだけPullを使いたいなと思いながら、なかなか使えていないという感じはあります。あとは、Pullのところの原動力として、やはり競技会で大成功するよりも、失敗して足りない部分が

東洋大学陸上競技部短距離部門コーチ　土江　寛裕

明確になることのほうがすごく効いてきます。だから、試合でも負けをいかに大切にできるかというところが、選手から考えを引き出すために重要な部分だと思っています。

――まさに、〝失敗から学ぶ〟というマインドですね。

トップアスリートへの指導

日本代表のナショナルコーチの仕事は〝マネジメント〟

――土江先生は、大学生だけではなく、オリンピックの日本代表選手への指導もしています。トップアスリートを指導するうえで、心掛けていることはありますか。

土江　大学のコーチと日本代表のコーチでは、役割や仕事の仕方がまったく違います。オリンピックのナショナルコーチになると、「指導」ではなく、「マネジメント」ですよね。それぞれの選手が代表に入ってきたら、その選手が最大限に力を出せるように、周辺整備をしていくことがナショナルチームのコーチとしての役割です。例えば、試合への帯同とか、試合を調べて遠征のアレンジをするとか、現地で大会関係者と代理人を通じて交渉するとか、そういうマネジメントの部分が8割ぐらいを占めます。選手に技術的な指導をするのは、それぞれの選手についているパーソナルコーチの役割です。

指導の部分はパーソナルコーチに任せて、それをうまく周辺整備していくというところが、ナショナルコーチの役割だと思います。基本的に選手に直接言うのではなくて、それぞれの選手にマネジメントの担当者やパーソナルコーチが必ずいるので、その人たちを通じて、選手とのコミュニケーションを取ることを心掛けています。

パーソナルコーチの考えと違う方向に僕が選手を引っ張っていくわけにはいかないので、そこはすごく注意しながら、それぞれの選手に対応しています。

チームスポーツとしての〝リレー〟

土江　1つだけ難しいのは、陸上競技の中で唯一の団体競技であるリレーをやるときに、選手たちの周辺整備をしていくだけだと、それぞれの選手のベクトルがさまざまな方向に散らばってしまいますよね。この選手はこうしたい、この選手はこうしたいとなってしまうと、リレーができなくなってしまいます。最終的にはこれがバチッと1つのチームになって、同じ方向を向いてオリンピックや世界陸上に挑むことになりますが、そのベクトル合わせをパーソナルコーチとも密にコミュニケーションを取りながらやっていきます。ここでは個人の試合とか、個人の評価が大事だけど、このときだけはリレーをやりましょうとか、これもマネジメントだと思います。個別に動くことが得意で好きな選手たちに対して、みんなでやる作業をさせるという意味では、チームスポーツの要素も最後の最後で必要になってきますよね。

――すごい重労働ですね。

土江　まあ、ストレスは掛かりますよね。みんなが思った通りにやりたいところを、我慢してこうしてくださいという場面が出てきますので、そこがなかなか難しい部分です。

今、特に4×100mリレーは、本当に金メダルを狙えるレベルにまで来ていると思います。金メダルを狙える種目にチャレンジしたくない選手はいないわけですよ。だから、レベルが高くなることによって、リレーへの選手たちのモチベーションや動機づけも強くなってきているので、比較的やりやすい状況にはなっています。

桐生祥秀選手のパーソナルコーチとして

――先ほど、パーソナルコーチの話題も出ましたが、土江先生は日本代表のナショナルコーチであると同時に、桐生選手のパーソナルコーチでもあるということになりますか。

土江　そうです。そこがまた難しいところで、僕がナショナルコーチの役割を担う中で、パーソナルコーチとしても桐生を指導していますので、リレーメンバーを組むときには絶対的な公平性が求められます。だから、そのあたりはなかなか立ち回りが難しい部分はありますね。もちろん、すべての選手を公平に見ていますが、優先していると周囲から感じられてしまうと、日本チームが崩壊してしまいます。

桐生だけではなくて、ウォルシュ・ジュリアンもそうですし、今回、鈴木碧斗も東京オリンピックのメンバーに入りましたけど、そういう私がパーソナルコーチをしている選手たちがいる中で、公平な目を持ってバランスよく采配できるかというところは常に求められています。

東洋大学陸上競技部短距離部門コーチ　土江　寛裕

ウォルシュ・ジュリアン

東洋大学出身の陸上短距離の選手。東洋大学在学中の2016年にリオデジャネイロオリンピック（400m、4×400mリレー）に出場し、卒業後の2021年には東京オリンピックに出場した。

鈴木碧斗

東洋大学在学中の陸上短距離の選手。2021年の東京オリンピック（4×400mリレー）に出場した。

文武両道とは

目的を持って学業に取り組むことが重要
――社会に出る準備として、大学で何を学ぶのか

東洋大学陸上競技部短距離部門コーチ　土江　寛裕

――大学スポーツを語るうえで、よく「文武両道」や「学業との両立」という言葉が用いられます。土江先生は、このことについてどのように考えていますか。

土江　大学は、「スポーツをするだけの場所」ではありませんが、「スポーツをする場所」でもあると思います。その大学のユニホームを着て、大学を背負って、そのスポーツで活躍したいと思って来てくれる選手にとっては、大学は「スポーツの場」でもあるわけで、そこは絶対に大事にしなくてはいけません。一方で、やはり大学というのは「学ぶ場」で、それぞれの学部や学科に入学をして学業に励んでいくことになりますが、「両立」なので、やはり両方やるべきですよね。学業だけやっても駄目だし、スポーツだけでも駄目なので、どちらかを頑張ると、どちらかが上手くいかなくなるというスタイルはよくないと思います。

何事も、本人のやる気、モチベーションが一番大事です。「スポーツをしに来る」というモチベー

ションと同じだけ、「何を学ぶか」というモチベーションをどれだけ高めて入学してこられるかだと思っています。陸上の場合、おそらく99%ぐらいの選手が、大学4年間で競技人生に決着を付けるわけですよ。その先は、もう社会人になっていくので、大学4年間が終わってスポーツに決着を付けた後に、社会人として何をするかという目的をきちんと持って入学してきて、その目的を達成するために学業に取り組むというかたちでないと、なかなか「両立」や「両道」には近づいていきません。

高校生のスカウトをするときも、すごく気を付けているのは、その選手が大学の4年間を終えて何を見いだすのかというところです。陸上をしたくて東洋大学に来たいという選手はたくさんいますが、東洋大学は陸上をする場所でもあるけれど、その先の準備をする最後の砦です。次のステージで社会人になっていくイメージを持って、何を学ぶのかというところを確認するようにしています。どういう社会人になるのか、どういう職業を目指すのか、というところのモチベーションを高めることができれば、おのずと学業との両立はできていくはずです。「スポーツをやりたいなら勉強しろ」というような上からの物言いではなくて、その学生が何を目指して、何を学ぶのかというところをきちんと引き出してあげることが大事ですよね。これは、選手にとっても、われわれ指導者にとっても重要な課題だと思っています。

うまくいかない時のアプローチ

うまくいかない時は、選手に寄り添い、共有する

――競技スポーツには、勝敗や記録という結果が付いて回りますが、思うようにパフォーマンスが発揮できない選手も出てきます。土江先生は、一人ひとりの選手に目配りをしているので、選手のパーソナリティーによってアプローチを変えているように思いますが、うまくいかない時はどのように対応しているのでしょうか。

土江　うまくいったときに「もっと頑張ろう」とポジティブな方向に持っていくのは、比較的簡単だと思っています。しかし、うまくいかなくて記録が出ずに、しかも、それを長く引っ張ってしまう選手も出てきます。高校時代にトップレベルで活躍していたけど、大学に入ってからまったく走れなくなってしまう選手も中にはいますよね。そういう選手をどうやって導くのかというところは、正直、答えがないというか、僕も日々、それを考えるような状況が続いています。

選手にとって一番つらいのは、結果が出なくて、それに対して一緒に考えてくれる人が誰もいないということだと思います。どれだけ選手に寄り添って、気持ちを共有して、変に発破を掛けるのでは

東洋大学陸上競技部短距離部門コーチ　土江　寛裕

なくて、本人のやる気を引き出してあげられるのかが大事だと思っていますが、実際にはなかなか難しいですね。

うまくいかないときのアプローチというのは、僕にとって一番苦手というか、うまくやれていないなと実感している部分です。


――うまくいかないときはこうしていますと、ぱっと答えられたら、苦労はないでしょうしね。


土江　そうです。選手それぞれのパターンも全然違いますからね。

怪我の場合もありますが、スランプやイップスのような感じで、本当に走り方を忘れてしまうこともあります。そこから抜け出すのは、かなり時間がかかることだから、指導者からやたら発破を掛けられたら選手もしんどいですよね。

そういう時に、どうやって選手を見捨てずに、ずっと気持ちを共有できるかというところが大切です。それがうまく結果につながらない可能性もありますが、一緒に考えて、最終的に失敗したとしても、本人がやり切ったと感じられる状態まで必ずたどり着けるようにしたいと思っています。

桐生選手を〝みんなで育てる〟という発想

――土江先生は、卒業後もトップレベルで活躍するような選手をたくさん抱えていますが、桐生選手

が東洋大学に在学していたときに、桐生選手に対するアプローチとして心掛けていたことがあれば教えてください。

土江　桐生の場合は、入学当初から異常な注目度でしたので、ある意味、かわいそうなところもありました。だから、私が彼をガードしていくという作業から始まったように思います。

もう1つ心掛けてきたのは、上からティーチしていくのではなくて、しっかり横並びの関係性で寄り添うというところです。それと、私1人で、マンツーマンで桐生の指導をすることは絶対にできないので、コーチが一緒にやってくれていたり、トレーナーがずっと体をケアしてくれていたり、常にお願いしているドクターがいたり、高校時代の先生にもずっと協力してもらったり、さまざまな人たちを巻き込んで、チームで桐生を育てるということは心掛けていました。室伏広治さん*に協力してもらったこともあります。

その中で、桐生はたくさんの人が自分のために一生懸命やってくれているということをしっかり自ら気が付いて、感謝ができる選手でした。だから、周りの人たちも、桐生が有名選手だからというよりは、桐生がそういう人柄だから、桐生と一緒にやりたいと思って集まってくれて、今でも強化ができているわけです。

***室伏広治**　元・陸上（ハンマー投げ）選手で、アテネオリンピック（2004）では金メダル、ロンドンオリンピック（2012）では銅メダルを獲得した。現在はスポーツ庁長官を務める。

東洋大学陸上競技部短距離部門コーチ　**土江　寛裕**

東洋大学陸上競技部短距離部門からは多くのオリンピアンが育っている。左から２人目がウォルシュ・ジュリアン選手、３人目が津波響選手、右から４人目が桐生祥秀選手、右端が土江コーチ。

――桐生選手の人柄だからこそ、周囲に次々と協力者が出てきたのですね。

土江　そうです。

――桐生選手をみんなで育てていくというアプローチをしていたことがよくわかりました。

土江　もう1つ付け加えると、桐生みたいなレベルの高い選手を指導するのは、すごくプレッシャーが掛かるでしょうと周りからよく言われますけど、僕自身はもう楽しくて仕方がないですね。

――コーチ自身が楽しむことが大事だと言われつつも、なかなか実行することは難しいものですが、土江先生はすごく楽しんでいるのですね。
土江　僕は、超楽しいです！

読者へのメッセージ

速く走るには〝先っちょで走らない〟がポイント!?

――「どうやったら速く走れますか？」という質問は、もう何百回も聞かれているとは思いますが、速く走るには、何が必要でしょうか。

土江　まず言えることは、結論が僕もまだわかりません。結論は僕もわからなくて、桐生もわからないので、より速い選手を見て、どう走っているのかを分析したり、自分の弱い部分を探して、そこを強化したりということをするわけですよ。

簡単に言うと……、「先っちょで走らない」ということです。

東洋大学陸上競技部短距離部門コーチ　土江 寛裕

――先っちょ？

土江　難しいでしょう。実は、つま先とか、膝というのはあまり関係ありません。体の中心で地面を捉えるように意識することが大切です。お尻とか背中のあたりで地面を捉えるようにして走るという感じでしょうかね。

あまり速く走れない人というのは、つま先や足首、膝あたりで地面を捉えようとするのですが、それをどんどん、体の真ん中に近づけるイメージを持ってあげると、少し速くなるかもしれません。文字で表現しようとしたら、これぐらいが精いっぱいですね……。

部を超えたつながり

ほかの運動部に走り方を伝授

――土江先生は、同じキャンパス内で練習している硬式野球部やラグビー部の選手たちに、走り方を指導したと聞きました。

土江　はい。走り方教室をやりましたね。

1回だとなかなか成果が出ませんが、先ほども言った「先っちょで走らない」ということを意識した走り方の指導をしました。特に短距離を走るという運動は、大半のスポーツに共通することなので、そういうところでお役に立てればと思います。できれば、継続的にやる方が効果的ですね。

――部を超えた交流で指導者のもつリソースを共有するのは、とても良い試みですね。

土江　そうですね。陸上の短距離部門から情報を仕入れて、東洋のラグビー部と野球部はものすごく機動力が高くなったということが話題になったら、僕としてはすごくうれしいです。

（2021年9月22日、オンラインにて）

東洋大学陸上競技部短距離部門コーチ　土江　寛裕

INTERVIEW

04

東洋大学ボクシング部監督

三《み》浦《うら》　数《かず》馬《ま》

1979年生まれ。青森県出身。弘前実業高等学校でボクシングを始め、インターハイベスト8。高校卒業後、東洋大学に進学。ボクシング部では主将を務め、関東大学ボクシングリーグ（2部）で活躍し、4年時には1部昇格を果たす。大学卒業後、会社員を経てドリームボクシングジムに入門。2003年プロデビュー。2008年には第33代日本スーパーバンタム級王者となる。2009年引退。2014年より東洋大学ボクシング部監督。

指導の肝は、
選手がよく考えて
自己分析をするように
促すこと

04 Kazuma Miura

──聞き手　谷釜 尋徳

あなたにとってのコーチング哲学とは？

大学時代は競技以外にも視野を広げて、将来を真剣に考えることが大切

――大学の指導者として大切にしている信念や、考え方を聞かせてください。

三浦　大学時代は社会に出る準備期間なので、大学スポーツの指導においては、やはり教育の現場だということを前提に置いています。失敗することは誰にでもありますが、それに対して怒りすぎないというか、もちろん注意はしますが、気持ちが折れるぐらい怒るのは少し違うかなと思っています。それよりも、学生が繰り返し同じ失敗をしないように心掛けて、指導していますね。

社会に出るために、学生にはボクシングだけではなくて、もう少し視野を広げてほしいという思いもあります。私が学生の頃も指導者の方々から、本を読め、新聞を読め、などと言われていましたが、結局、私もだんだん学生に同じことを言うようになってきました。

選手たちは、ボクシングに多くの時間をかけてきたと思いますが、その分、社会のニュースや勉強など、そういうところは不足していると感じます。大学はボクシングだけではなくて、いろいろな教養を身に付ける場でもあると選手たちには伝えています。

大学生はだいたい20歳前後ですが、人生80年として、学生たちはまだまだ長く生きられるという意識でいるようで、あまり緊張感がありません。しかし、実は人生は短いものですし、ボクシングは大学までで終わってしまうかもしれませんよね。そういうゴールをすぐそばに置いて、一日一日の練習を頑張らなければいけないよということを伝えて、意識づけをしています。

社会人になった後、例えば、30歳になってから好きなことが見つかったとしても、なかなかそれにチャレンジできなくなるよという話もしますね。大学生活は好きなことを見つける時間だとは思いますが、結局見つからないまま時間が過ぎて、30歳になってから好きなことに気付いたとしても、実はもう年齢的にできなくなっていることが多いですからね。

ですから、大学生のときに自分がやりたいことを真剣に考えて、大きな方向性を決めたうえで就職活動をすることが大事だと思います。大学生は、いろいろな業界を選べますが、例えばAという業界に30歳までいて、それからまったく畑違いのBという業界に転職するのは、現実的にはかなり厳しいですよね。そういう意味でも、時間のある大学生のうちに真剣に将来を考える必要性については、いつも学生に伝えています。

ご自身の大学時代をふりかえって

東京に馴染めなかった下級生時代

――三浦監督の大学時代は、競技や大学生活の面で、どのように過ごしていたのでしょうか。

三浦　私が大学生のときは、朝霞校舎の体育館の中にボクシング部の練習場がありました。今は清水町（東洋大学総合スポーツセンター）に移りましたが、当時は朝霞校舎が練習拠点でした。私は青森の実家から上京したので、朝霞で一人暮らしをしながら、白山校舎に通って授業を受けるという生活スタイルだったのです。当時は、まだボクシング部は2部の下位にいる弱小のチームでした。大学1年生のときは、夜は居酒屋でアルバイトをしながら少しお金を稼いでいましたが、そういう生活をしていると、やはりボクシングのほうに身が入らなくなりますすよね。学業面でも単位を落とすようになって、中途半端になります。

ボクシングは、練習と食事、そしてしっかり睡眠をとって体を作る必要があるので、今思えば、夜中にアルバイトをしていたら強くならないのは当たり前ですけどね。そういう経験もあって、なかなか大学に馴染めなかったというか、東京の生活リズムに馴染めませんでした。

キャプテンに就任し、チームをまとめて1部リーグ昇格を果たす

三浦　3、4年生のときには、キャプテンを任されました。大学1、2年生の頃は、東洋大学にも、ボクシング部に対しても正直愛着はありませんでしたが、いよいよ自分がキャプテンをやるとなったら、やはり勝ちたくなりましたね。ボクシングは個人競技という認識が一般的だと思いますが、大学ボクシングはリーグ戦で、団体で戦う競技なので、位置づけとしても、団体戦が一番大切です。もちろん、個人戦も勝ってくれればうれしいですけど、順番的には一番が団体戦ですよね。この団体戦で絶対に勝ちたい、2部で優勝したい、1部に上がりたいという気持ちがだんだんと芽生えてきて、4年生のときに2部リーグで優勝できて、入れ替え戦も勝って1部リーグに昇格することができました。

　私は、チームをまとめるために、厳しいキャプテンだったと思います。私自身、ガミガミ言う性格で、昔の体育会ですし、少し言葉もきつかったかなと思います。それでも、絶対にチームとして結果を出したいという思いがあって、その結果勝つことができたのは非常に自信になりましたし、今でもそれが大学時代の一番の思い出ですね。

キャプテンの経験から、組織運営を学ぶ

——大学生活の中で、卒業後のプロボクサーとしてのキャリアや、指導者になったときに役立ったことがあれば、教えてください。

三浦　2年間キャプテンを務めたことが、一番の転機になりました。人を束ねて、目標に向かってチームを同じ方向に向かせて、結果を出すというところまでさまざまなプロセスがありますが、目標を達成できたことで組織を引っ張る大切さ学びました。一生懸命に取り組んだことで、東洋大学ボクシング部への愛着とプライドも生まれましたね。私達は今でこそトップチームですが、当時は2部の下位のチームでしたので、部の雰囲気も意識が高いとはいえず、最初から優勝目指してみんなで頑張ろうというマインドを持った選手は、ほとんどいなかったですね。

だから、選手の気持ちをまとめることが、最初は大変でした。でも、私だけでやっていたわけではなく、同期の仲間に恵まれました。私は表向きガミガミ言うキャプテンでしたが、副キャプテンが2人いて、そのうちの1人は、何も言わずに背中で見せるタイプでしたね。誰よりも早く練習に来て、誰よりも遅い時間までずっと練習している選手でした。もう1人の副キャプテンは、私の後ろでにらみを利かせて、あまりにも度が過ぎる学生がいれば前に出ていくという、非常に怖い存在でした。良い同期にも恵まれて、結果も出せたことで、組織運営を学べたことが人生にとって一番役に立ちまし

た。

私は、プロボクシングでも日本チャンピオン*になっていますが、さまざまな試合の中でどれが一番思い出に残る試合ですかと聞かれたら、真っ先に大学の試合だと答えます。プロは個人戦ですが、大学は団体戦がありますからね。やはり団体戦で、しかも東洋大学の看板を背負っているという意識は、ものすごい大きいものでしたし、そういう経験ができたこと自体に価値がありましたね。

大学生への指導

選手へのアプローチの使い分け

――大学生に対するコーチングについて聞かせてください。

これは一般論としてのフレームワークですが、コーチングにおいて、選手へのアプローチは大きく分けて「指示」「提案」「質問」「委譲」の4つがあると言われています。「指示」はコーチが指示をす

＊三浦監督は、プロボクサーとして2008年に第33代日本スーパーバンタム級王座を獲得している。

る。「提案」はコーチが選択肢を示す。「質問」は選手から意見を引き出す。「委譲」はコーチがプレーヤーに任せて選択権を与えるような意味合いです。三浦監督の場合、これらの使い分けのバランスや、割合としてこれが多いということがあれば教えてください。

三浦　この4つのアプローチは、すべて使っています。うちのチームには、日本代表選手もいるし、中間層もいるし、下位の選手もいますが、トップ選手がA、中間層がB、下位の選手がCだとすると、Aに関しては、ある程度は選手に任せます。

——先ほどのフレームで言えば「委譲」ですね。

三浦　はい。ボクシングは、けっこう奥が深いスポーツで、「強い」という概念が非常に多様です。例えば、パンチが強い選手だったとしても、逆に、

パンチをもらって負けるケースもあります。

スピードが速いということも、ただ一つの武器でしかありません。もちろん、スピードが速いのは良いことですが、それだけでは、パンチのある選手にやられる可能性もあります。スピードが速くても手数が出なければ、スピードはないけどスタミナと気持ちがある選手に巻き込まれて負けたりもするわけです。トップ選手（A）に関しては、ある程度、その辺の考え方もしっかりしているから強くなっていくんですけどね。ボクシングにおいて何が一番大切なのか、自分はどういう強さをもった選手なのかをしっかり考えられる選手でないと勝っていけないので、選手自身に考えてもらうアプローチをしています。

Cの選手には、私が指示をします。すべて指示をするということに近いと思います。なぜかというと、ボクシングはキャリアのスポーツだからです。競技を始めたばかりでキャリアを積んでいない選手は、わからないことが非常に多いので、最初は指示が必要になります。そこから、徐々に選択肢を示したり、こちらが質問するようなアプローチに移行していきますね。

中間層のBの選手にも、ある程度、指示はします。私の言うことを「はい。はい。」と素直に聞く選手は、その段階では良いのですが、その先、本当にBの選手が強くなるには、そのままではいけません。やはり、自分自身でボクシングを深く考えることで、結果としてボクシングをするための頭が成長し、そこに「？（はてな）」が生まれてくるわけです。その疑問を指導者に確かめるようになったら、それは一段階レベルが上がるということだと説明しています。

ボクシングは〝頭のスポーツ〟で、自ら欠点を補う行動力を持つことが勝者への道

三浦 「頭」と「肉体」で例えるなら、頭が低いレベルにある選手は、肉体もそこまでしかいきません。頭のレベルがものすごく高い、もう日本チャンピオンの位置にあるけれど、肉体がまだ付いてこないという選手は、そのうちに肉体も追い付いてきます。だから、ボクシングは、どちらかと言えば、まず頭を伸ばさなければならないスポーツです。ボクシングは「頭のスポーツ」ですから、選手がよく考えて自己分析をするように促していくのが、指導の中で一番の肝ですね。

客観的に自分を見つめ直して、欠点を見つけて、それを補わないと、やられてしまいますね。ボクシングは、良いところを伸ばすという方法では勝てなくて、弱点を持ったままでは成長できません。強い選手は、向かい合って対戦するときに、もうこれは穴がないな、どうやっても勝てないなと感じるものです。穴がない選手が本当に強い選手になります。パンチだけはあるけれども、ディフェンスが悪いという選手では、簡単に攻略されてしまいます。だから、穴がない選手になるために、自己分析をして、欠点を自分で見つけて修正し、補う練習をする行動力が必要です。この行動力があるかどうかが、強くなれる選手か、なれない選手かの分かれ目だと思います。自分の悪い部分をわかっていても、やらない選手はやりません。この点は、私が常に学生に言っていることですし、自分の欠点を見つけて行動できる選手は、伸びていきますよね。

ある程度、ボクシングに向いている性格はあると思いますが、人間は性格を変えることもできます。なので、性格を修正しない選手を切り捨てるのではなくて、いかに選手の心に火を付けるかが、われわれ指導者の腕の見せ所です。

ボクシングは、才能が2割、努力が8割のスポーツ

三浦　ボクシングは、才能が2割、努力が8割で成り立っているスポーツです。なので、私は、才能はあまり必要ないと思っています。才能だけで勝ってしまう選手もいますが、それは高校までです。結局、才能があっても、そこにあぐらをかいている選手は絶対に伸びません。むしろ、才能がなくても、努力できる性格を持っていれば、勝たせることはできます。

トップアスリートへの指導

トップアスリートには、幅広い視野を持って〝哲学〟してほしい

――三浦監督の下には、日本代表として活躍する選手もいます。そのような、トップアスリートを指導するうえで、心掛けていることは何でしょうか。

三浦　日本代表クラスの選手は、技術的には高いレベルに達しているので、逆にボクシングしか知らない選手は駄目だよと伝えています。小さい頃からボクシングしかしてこなかった選手も多いので、勉強や世界経済、ニュースなど、そういうボクシング以外のことはあまり気にしていません。なので、ボクシングに関しては自分の意見をしっかり持っていますが、人間として少し引いて見たときに、ボクシングしかできないのは格好悪いですよね。多方面の知識を得るという行為は無限大です。ボクシングについて考えることも非常に大事ですが、それ以外の事柄にも詳しくなって、しっかり説明できるようになることは、ボクシングの競技面での成長にもつながります。だから、私がトップレベルの選手たちに伝えているのは、東洋大学は「哲学」の学校だということです。*

東洋大学のいう哲学とは、幅広く、人間とはどういったものなのか、自分がいかに幸せに生きるの

かを深く考えることだと思っています。ボクシングは、大学で終わる人もいれば、怪我で急にできなくなる人もいます。また、今の時代、プロで世界チャンピオンになれば一生安泰かといえば、そうでもありません。実際に、世界チャンピオンになって、その後の人生で安定した生活が送れている人は案外少ないですよね。

なので、ボクシングの競技生活を終えても社会人としてしっかり身を立てられる準備をするなど、先々のことを考える必要性をいつも選手に伝えています。ボクシングの技術的なことばかりではなく、仕事を含

＊東洋大学は、「諸学の基礎は哲学にあり」「独立自活」「知徳兼全」を建学の精神に据えている。2016年には、『TOYO SPORTS VISION』を打ち出しているが、その理念は「スポーツを『哲学』し、人と社会と世界をむすぶ。」である。

東洋大学ボクシング部監督　三浦　数馬

め、世の中にはもっと面白いこともあるので、そういう違った観点から話をして、ボクシングだけしか知らないのは恥ずかしいなと思わせるようなアプローチもしてきました。

東洋大学ボクシング部の卒業生で、ロンドンオリンピックで金メダリストになり、プロの世界チャンピオンにもなった村田諒太*というボクサーがいます。村田諒太は私の後輩にあたりますが、彼はすごく本が好きで、哲学書などを非常に好んで読んでいます。一言一言の影響力もある人間ですし、そういう本当に良いお手本になってくれる先輩がいるので、村田のエピソードを伝えることもありますね。

チームづくり

練習を伸び伸びやることがチームのテーマ

――三浦監督は、チームで戦うことを重視しています。東洋大学ボクシング部は、大学トップクラスの強豪ですが、三浦監督がチームづくりをしていくうえで大切にしていることを教えてください。

三浦　まず、魅力的なチームをつくりたいと考えています。うちは、チーム全体が非常に仲が良いですね。昔は上下関係が厳しい部分もありましたが、今はまったくそんなことはありません。うちは、伸び伸びと練習することが一つのテーマで、そこがチームの魅力だと思っていますから、スカウトをする段階でも、高校生にはそこを見てもらっています。寮の部屋も、同学年同士で入っています。大学によっては、1年生と4年生が相部屋になって、1年生が洗濯をするとか、寮生全員のご飯を下級生が準備するようなケースもあるそうですが、東洋大学の寮（アスリートビレッジ）は広い風呂もあって、食堂で食事も提供してもらえるので、非常に恵まれています。練習も厳しくし過ぎず、みんな伸び伸びとやっていますね。

やはり、高校生から見て、入りたいと思ってもらえるチームにしたいです。今、東洋大学の監督をやって8年目になりますが、取り組んできたことが徐々に花開いてきました。高校チャンピオンの選手側から、東洋大学に入りたいと言ってもらえるチームになってきたかなという実感はあります。

＊**村田諒太**　２００８年に東洋大学を卒業したプロボクサー。２０１２年のロンドンオリンピックでミドル級の金メダルを獲得した。プロ転向後、２０１７年にはミドル級世界王者となった。

うまくいかない時のアプローチ

“イメージ力”を鍛えて完璧な準備をすれば、自信を持ってリングに上がることができる

――競技スポーツなので、勝敗という結果が付いて回りますが、思うようにパフォーマンスが上がらなかったり、本番で力を発揮できなかったり、いろいろなケースがあると思います。そういった、うまくいかないときの選手に対するアプローチは、どのようなことを考えているのでしょうか。

三浦　もちろん、持てる力を１００％発揮した選手には、よく頑張ったと言いますが、負けには、何かしらの原因が選手自身にあるということを伝えますね。よく、判定で負けた選手が、本当は勝っていたはずなのに、負けにされたと愚痴をこぼす場合がありますが、イーブンの試合をしたら、審判の見方次第では判定で勝てないこともありますよね。負けを誰かのせいにして、それを続けていったら、間違いなく失敗します。成功する人は、そういう言い訳はしないものです。

本番で力を発揮できない選手に対しては、「イメージ力」が足りないと伝えています。そのイメージというのは、相手の分析は動画でその選手の試合をチェックすれば癖も見抜くことができますよね。

当日、リングに上がる自分の体調管理も、減量したらどのような体調になるのかも含めて全部イメージしておく必要があります。試合当日にリングに上がって、緊張しすぎて力が発揮できないのは、一番の損ですよね。事前にリングに上がる自分を強くイメージして、リング上でどのような相手に、どのような動きで戦うのかを思い描けなければなりません。例えば、一方的に殴って完璧に勝つという試合をして、勝者のコールを受けて手を上げるところまでイメージをする、そういうイメージ力が大事です。そのためには、質の高い完璧な練習をして、この相手にはどうやっても勝てるというところまで自分を磨き上げることが、このスポーツでは大事だと思います。

よく学生から、三浦監督はプロボクシングの試合で緊張したことはないのかと聞かれますが、私は、まったく緊張したことがないと答えています。なぜかというと、やるべきことをやって完璧に仕上げてきたから、どうやっても自分が勝つイメージができていたからです。勝つ選手はそういう気持ちでリングに上がりますし、負ける選手は、やはり気持ちが揺れていますよね。勝てるかな……、勝ちたい……、でも勝てるかな……、という気持ちでリングに上がるようでは、まだ勝てません。運よく勝つこともあるかもしれませんが、だいたい勝つ選手は自信

満々で、どうやっても俺が勝つ！　絶対に勝てる！　という気持ちでリングに上がるので、もしダウンを1個もらったとしても、あぁ、ちょっとミスをしたなと冷静になれます。また、しっかり立て直せば勝てるという気持ちの余裕も生まれます。勝つ選手とは、そういうイメージができているものだということは、選手たちに強く伝えるようにしていますね。

大学生としての部員へのメッセージ

チームメイトや運動部員以外の一般の学生との交流も大切に

――三浦監督のもとで頑張っているボクシング部員の皆さんには、大学生としてどうあってほしい、どういう大学生活を送ってほしいと考えていますか。

三浦　ボクシング以外のことを、視野を広げて考えられる大学生になってほしいので、一般生との交流がもう少し必要だと思っています。寮にいて、ボクシング部のチームメイトやほかの運動部と話をするのも構いませんが、一般生の中には、先々のことを高いレベルで考えている学生もいます。例えば、社会に出たらこのような仕事をしたいから、そのために高い意識を持って資格の勉強をしていたり、起業をするための勉強をしている学生もいるはずです。早い人は、大学生のうちに起業していますしね。

そういう学生とも話ができる機会があれば、少し考え方も変わると思います。あれ？ 俺はボクシングばかりやっているけど、同年代でこんな考えを持っている人がいるんだな、などと感じるところがあるはずです。そういう学生と交流が持てれば、考え方の幅も広がります。ボクシングしか知らないことで、視野が狭まっているという現状が実感できますし、広いビジョンを持ってほしいですよね。

世の中の変化のスピードを意識する

三浦　あとは、世の中の変化のスピードがどんどん加速していくので、それに追いついていけないと大変なことになるぞという話はしています。コンピュータの進歩で世の中がスピード化して、さまざまなことが変わっていますよね。昨今、ＡＩ、量子コンピュータ、ブロックチェーンなどの技術が発達するにつれて、今まであった仕事の中には消滅するものも出てくるので、先々には、自分がやりたいと思っている仕事がなくなるかもしれません。そのような危機感を持たずに、ただボーッとしていて、何をやったらいいかわからない状態では、間違いなく苦労します。世の中のスピードが、知らないうちに変わっているということだけでも気が付いていてほしいですね。

リーダーとしての経験を

三浦　ボクシングを通じて一番大事なことですが、自分の実体験からも、大学時代は人を束ねるという経験ができる貴重な時間だと思います。自分から責任を持って何かを変えてやろうとか、組織の中心になろうとか、そういう意志がなければ、ボクシング部に入った意味もないので、部内でさまざまなことを経験してほしいという思いは常にありますね。

読者へのメッセージ

負けた時の悔しさをばねに成長してほしい

――これから大学ボクシング界を目指す中高生に向けて、メッセージをお願いします。

三浦　ボクシングという競技は、勝ち負けがはっきり出ますので、やはり負けた悔しさを大切にしてほしいですね。勝った喜びも大切ですが、アマチュアボクシングは、どこかで絶対に負けることがあります。ずっと勝ち続けることはまずあり得なくて、オリンピックの金メダリストでも過去には何度も負けていますね。つまり、ボクシングは「負けるスポーツ」なので、負けを誰かのせいにするのではなくて、自分に弱点があるから負けたという現実を受け止めて、練習という行動に移してほしいと思います。

――先ほどの、部員に対するアプローチともつながるところですよね。

三浦　そうですね。負けた悔しさは、勝つことより大事ではないかと思うことも多々あります。負けたほうが、後々になって成長するからです。

――負けから学んで、成長するということですね。

三浦　はい。負けたことが、成長のバネになります。負けにもいろいろありますが、負けて涙を流す選手を見ると、こいつは涙を流すぐらい悔しいんだなと思うわけです。その選手はきっと純粋なので、再び頑張れるでしょう。逆に、負けてへらへら笑っている選手を見ると、こいつは悔しくないのかなと感じてしまいますよね。

漫画『ＳＬＵＭ ＤＵＮＫ』が教えること

三浦　私、すごく『ＳＬＵＭ ＤＵＮＫ』*が好きなんですよ。もう『ＳＬＵＭ ＤＵＮＫ』を練習場に全巻置いているぐらいです。

今の高校生は『ＳＬＵＭ ＤＵＮＫ』を知らなかったりするので、うちに入学してくる選手たちには、全巻読んでから大学に来いと言いたいですね。私が教えたいことは、全部ここに書いてあります。そのぐらい、私の心というか、人生を変えたバイブルです。

――私もバスケットボールをしてきた人間なので、『ＳＬＵＭ ＤＵＮＫ』は数え切れないほど何度も読みました。『ＳＬＵＭ ＤＵＮＫ』から影響を受けた方が、別の競技でチャンピオンになり、指導者でもトップになっているという事実はすごくうれしいですね。作品の中では、どの場面が好きですか。

三浦　主人公の桜木花道が、監督の安西先生に「オヤジの栄光時代はいつだよ……全日本の時か？」と聞く場面ですね。

――インターハイの山王工業戦の最後のほうですね。

三浦　はい。「俺は今なんだよ！」と強い意志を伝えて、花道が満身創痍でコートに戻るシーンが一番好きです。

――桜木花道が背中を怪我して、再び試合に出るかどうかという場面で、安西先生も止められなくて、再出場する花道を見守るところですね。

三浦　はい。あそこが一番ですね。
あとは、物語の前半から伏線を引いて、最後、流川楓と桜木花道の心が瞬間的に通じ合って、パスをつないでシュートを決めて勝つところも、脚本がとてもすごいと思います。

――『SLUM DUNK』は、わずか4カ月間ぐらいの出来事を描いていますよね。

三浦　はい。『SLUM DUNK』は全巻練習場に置いているので、学生に読めと言っています。読んだ学生からは、すごく面白かったですと言われますが、「違う」、「2周目いけ」、「3周目いけ」と勧めていますね。読むたびに深みが増してくるから、1回では終わるなよという感じですね。

＊『SLUM DUNK』は、井上雄彦による日本の漫画作品。『週刊少年ジャンプ』で1990年から1996年にかけて連載。高校バスケットボールを題材にした漫画として人気を博した。

――確かに、私自身、高校生のときに読んだのと、今読むのとでは、また感じ方が違いますね。

三浦　読むたびに感じ方も違いますし、何回も繰り返して読んでしまいますね。若いときの気持ちが、また蘇ります。大学ボクシングのリーグ戦も9対9の団体戦なので、私が口で学生に情熱を説明するのもあまりうまくいかないなと思ったときには、『SLUM DUNK』を読め、全部ここに書いてあるから、と伝えることもあります。

――『SLUM DUNK』は三浦監督の指導哲学を形成した一つの要素でもあるわけですね。

三浦　そうですね。ボクシングと競技は違いますが、相当影響を受けましたし、『SLUM DUNK』はずっと心の中にありますね。当時、能代工業高校*がとても強かったですよね。私は地元が青森県なので、能代工業はすぐ近くなんですよ。

田臥選手*がいたときの無敵の強さも知っていますし、山王工業が能代工業をモデルにしたチームだというのは、もちろんわかっていました。最後、湘北が勝ちますが、ロッカールームに引き上げる山王工業の堂本監督が、「負けたことがあるというのが、いつか大きな財産になる。」と選手の肩を抱きながら語りかけますが、あれも良い言葉ですよね。あのシーンは、負けた悔しさを大切にするという自分の指導哲学に通じていますね。

だから、バスケットボールは好きですし、『SLUM DUNK』は漫画史上の最高傑作だと思っています。さまざまな漫画がありますが、これには勝てないですよね。

主人公の桜木花道を見て、あぁ、これはデニス・ロッドマン*をモデルにしているなと思いました。普通は、流川みたいな点取り屋を主役にしがちですが、リバウンダーの桜木を主役にしたところは、非常に目の付けどころがいいなと思います。リバウンドは、言って見れば日影の存在ですし、野球で例えても決して4番打者ではないですよね。だけど、リバウンドを取れることは、チームにとって一番大事なのではないでしょうか。相手のシュートチャンスを消して、味方の攻撃が2回、3回と増えていくわけですからね。

――その通りです。

三浦　先ほど話しましたが、桜木花道が言う「俺の青春は今なんだよ！」というフレーズは、今の学

*秋田県立能代工業高校は、高校男子バスケットボール界で全国制覇58回を誇る名門校である（2021年より秋田県立能代科学技術高校に名称変更）。

***田臥勇太**　日本のプロバスケットボール選手。2004年にはフェニックス・サンズの開幕ロスターに入り、日本人初のNBA（全米プロバスケットボール協会）選手にもなった。

***デニス・ロッドマン**　元NBA選手で、7年連続でリバウンド王に輝いたこともある史上屈指のリバウンダーである。シカゴブルズ時代には、マイケル・ジョーダンらとともに、NBAの3連覇（1996〜1998年）に貢献した。「リバウンド」とは、バスケットボールの試合中に、シュートの失敗によりリングやバックボードに当たって跳ね返ったボールを獲得するプレーのこと。

生にも意識してほしいですよね。学生にとって、大学時代は人生の中で本当に素晴らしい時間なので、
だからこそ、一生懸命に練習して、結果まで出してほしいという思いはありますね。

（２０２１年９月27日、オンラインにて）

INTERVIEW

INTERVIEW

05

東洋大学硬式野球部監督

杉《すぎ》本《もと》 泰《やす》彦《ひこ》

1959年生まれ。徳島県出身。日和佐高等学校から東洋大学に進学し、硬式野球部に入部。ポジションは捕手。3年生でレギュラーを獲得し、大学日本代表にも選ばれる。卒業後、社会人野球の強豪、日本通運に入社し、都市対抗野球などで活躍。選手引退後は同野球部のコーチ、監督を歴任し、都市対抗野球に4度出場、2度の準優勝を果たす。その後、日本代表コーチ・監督を務め、IBAワールドカップやアジア野球選手権に出場。西部ガス野球部の創設に監督として参画し、4年目で都市対抗野球出場へとチームを導いた。2018年より東洋大学硬式野球部監督。

選手の主体性にもとづく「プレーベースボール」に到達したい

05

Yasuhiko Sugimoto

——聞き手　谷釜 尋徳

あなたにとってのコーチング哲学とは？

指導者自身が、学生に何ができるかを考えることが大切

――大学の指導者として大切にしている信念や、考え方について聞かせてください。

杉本　僕もかつては大学生でしたので、自分の通って来た道です。自分の経験や、後悔しているところなどを学生にしっかり伝えてあげたいと思っています。これから彼らは人生という道を歩んでいくので、自分が学生たちのために何ができるかを考えて、野球だけではなくて、生活面も含めて指導していきたいです。

よく、学生の気持ちになることが大切などと言われますが、僕はまったくその必要はないと思っています。学生の気持ちは千差万別ですので、そのすべてを理解しようとするよりも、私自身が学生に何をしてあげられるかを常に考えておけば、自分のスタンスは揺るぎませんよね。

東洋大学硬式野球部監督　杉本　泰彦

ご自身の大学時代をふりかえって

一般入部で野球部に飛び込み、純粋に野球理論を吸収した大学時代

――杉本監督の大学時代は、野球部での競技面や大学生活の面で、どのよう過ごしていたのでしょうか。

杉本　僕は野球部のスポーツ推薦ではなく、一般生として東洋大学に入りましたが、髙橋前監督*に拾っていただいて、野球部に入部しました。野球部の仲間には、なぜ一般で入ったのに、野球部の厳しい世界に自分から飛び込んできたんだとよく言われましたね。でも、僕は田舎者でしたので、東洋大の野球部がそんなに厳しいところだとは知りませんでした。私の高校は、本当に楽しい高校野球でしたので、大学野球もそんなものかなと思っていたら、えらい違いでしたね。

合宿所生活もいろいろなことがありましたが、総じて楽しかったですね。野球漬けの毎日でしたが、

*髙橋昭雄　1972～2017年の46年間、監督として東洋大学硬式野球部を率いた。東都大学野球1部リーグでは、歴代最多の通算542勝を挙げた名将である。

試合に出る喜びと、時には監督の目を盗んでこっそり手を抜く楽しさもありました。高校時代は技術面ではまったく指導を受けてこなかったものですから、自分は野球の理論を持たずに、真っ白な状態でこの大学に来たので、髙橋監督の言葉、それから、先輩の言葉がすべてだったような気がしますね。僕にとっては、それが絶対的にプラスになったと思います。下手な野球理論の戦い合わせが必要なかったぶん、大学での指導をすごく素直に受け入れることができました。

――てっきり、杉本監督はスポーツ推薦で入学されたものとばかり思っていましたが、一般入部からのスタートだったのですね。一般入部だからこそ、気が付けたことや、感じられたことはありましたか。

杉本　野球の強豪校から来た選手たちは、高校のときからずっと厳しい練習や先輩からの教育などを受け続けてきたせいか、その部分については少し膿んでいたような印象があります。だから、僕にはその隙間に入り込む余地があったのかなという気がしますね。

――学業面では、何か覚えているエピソードはありますか。

杉本　私は法学部でしたが、授業を受けるために、川越の合宿所と朝霞キャンパスや白山キャンパスを往復していました。私の担任の先生が合宿所の近くの鶴ヶ島に住んでいたので、ご自宅にお邪魔して勉強を教えていただいたこともありましたね。

大学生への指導

〝同じ会社のサラリーマン〟としての緊張感があった社会人野球時代

――杉本監督は、東洋大学を卒業後、社会人野球の選手としても活躍して、社会人野球の監督、さらには日本代表の監督も歴任しています。そういった経験から、選手の指導をするうえで、社会人と大学生の違いを感じることはありましたか。

杉本　基本的な考え方は、まったく変わりません。最初にもお話ししたように、選手のために何をしてあげられるかを考えるという点では、社会人の指導も同じです。社会人のときは悪知恵の働く監督だったので、どうにかして会社からお金を引っ張ってきてやろうとか、そういうことばかり考えていました。それが選手のためになるという勘違いをしていたような気もします。32歳で監督になったものですから、若気の至りといいますか、組織をまったく知らない監督の恐ろしいところだったと思います。

　僕は一度も会社の業務に戻らずに、選手からそのまま指導者になりました。一回でも会社の業務に就いて、それから監督として戻ってきていれば、組織の考え方や、お金がどのように動いているかということも理解できたのでしょうが、社会人野球の選手を終えてから2年間コーチをやって、そのまま監督になったので、今思えば、組織をまったく度外視していましたね。

　ただ、社会人野球の監督とはいっても、私もサラリーマンでしたし、選手も同じ会社のサラリーマンなんですよね。ですから、そういうつながりもあって、すごく良い緊張感がありました。結局、監督は、常に選手に背中を見せて勝負しなければいけないので、後ろ指を指されるようなことはできないですよね。お金の使い方や日々の行動は、同じ会社員として選手から見られているという緊張感はありましたね。大学生は、言ってみればお金を払って野球をしに来ているわけですから、そこは社会人とはまったく別物です。

　そういう緊張感は、指導者の資質の問題だと思います。指導者が勘違いをすると、まったく緊張感が生まれませんし、指導者の側から選手に対していくらでも高圧的な態度で接することもできます。そうなると、指導者はあまり文句を言われない立場になってしまう恐れもありますよね。

——社会人野球の世界を長く経験したからこそ、大学野球の指導現場との比較の視点も生まれてくるわけですね。

杉本　はい、そうですね。

一番の基本は選手に主体性を持たせること

——大学の監督にも、いろいろなスタイルの方がいると思いますが、杉本監督にとって、ご自身は大学野球の監督としてどのような存在であるべきだと考えていますか。

杉本　大学野球の場合、選手はもう大学生ですからね。とはいうものの、大人になりきっていないところもありますので、大学の指導者である前に、一社会人としてどれだけアプローチできるかが大切だと思います。いくら僕が格好良いことを言っても、僕の行動がともなっていなければ、それは選手にはまったく響きません。ですから、自分自身の身だしなみから始まって、一般的な常識を大切に指導しているつもりです。

——選手を指導するにあたって、杉本監督はどのようなスタンスを取っているのでしょうか。

杉本　僕は、選手が主体的に物事を考えないと、絶対に駄目だと思っています。やはり、与えられた環境の中で、まず自分がどのようになりたいのかをしっかり考えることが一番大事で、最も基本的なところです。日本では野球はメジャースポーツなので、多くの方が携わって、少年野球、中学野球、高校野球、そして大学野球へと上がってきますので、やはり指導者の立場や影響力がとても強い業界だと感じます。メジャースポーツとして歴史があるぶん、野球界の指導にも旧態依然として染みついたものがありますよね。その染みついたものを払拭するには、指導者自身がかなり勉強していかなければなりません。

チームづくり

チームづくりのベースは東洋大学の〝建学の精神〟

――今度はチームづくりの話題となりますが、東洋大学硬式野球部は、今、どのぐらいの部員数なのでしょうか。

杉本　今、100人ぐらいですね。

――本当に大所帯ですね。杉本監督が東洋大学でチームづくりをしていくうえで大切にしていることや、工夫していることがあれば、教えてください。

杉本　組織の作り方にしても、もうまったくわれわれの大学時代とは違う感覚ですね。われわれのときは、とにかく野球を頑張っていれば良いという感じも少しありましたが、今はそうではないので、そこを指導者がしっかり理解して組織運営をしなければなりません。昔は、ともすれば体育会の野球部自体が、大学と別のところというか、大学と距離感があったように思います。しかし、僕が一番大事にしているのは、「東洋大学の硬式野球部」であるということです。やはり、「東洋大学」という存在が最初にくるということを意識しないと駄目だと思います。どうしても「野球部」とか「野球」というのが気持ちのうえで先にきてしまいがちなのですが、それは違いますよね。

僕は社会人野球の日本通運と西部ガスで監督をやらせてもらいましたが、先ほども言ったように、日本通運のときは社業に就いていなかったこともあって、組織というものをまったく意識できていませんでした。だから、日本通運と西部ガスでは、同じ社会人野球なのに、組織運営の仕方がまったく違っていました。日本通運で野球の監督を終えて、41歳から51歳まで社業に専念して、経営職として600人の部下を持つ支店長にもなったことで、組織運営のなんたるかがある程度わかってきました。その経験をもって西部ガスに行ったものですから、その時は完全に「西部ガス」という会社組織の野

球部だと意識して監督をしていました。日本通運のときは、ともすると「杉本丸」だったんですよね。

西部ガスはそうではなくて、チーム運営も、社訓や会社の方針に沿ったかたちで進めていこうと考えていました。今も、僕は基本的な野球観を選手に伝えていますが、そこには、東洋大学指針というものを書いています。井上円了先生*の教えに基づく「諸学の基礎は哲学にあり」「独立自活」「知徳兼全」という東洋大学の建学の精神です。これを野球に置き換えたらどうなるのかを考えたうえで、野球部のチーム運営を行うべきだと僕は思います。そうでないと、どうしても大学の方針とかけ離れてしまいますよね。

――東洋大学の建学の精神に基づいてチーム運営をしているのですね。それがベースになって、そういう大学に入学してきた学生だということを前

提に置いて、そこからブレークダウンしていくという考え方でしょうか。

杉本　そういうことですね。

選手の主体性にもとづく〝プレーベースボール〟という発想

――以前、杉本監督のインタビュー記事*を読みましたが、その中で監督は「プレーベースボール」という言葉を使っていました。この「プレーベースボール」というのは、どのような考え方なのでしょうか。

杉本　よく、野球を楽しもうよという意味で、エンジョイベースボールと言われますが、これを「プレーベースボール」、つまり、野球で遊ぼうよという発想に転換しました。プレーしているか？　遊んでいるか？　ということですが、実際には、かなりの野球の知識や技術がないと、野球で遊ぶことなどできません。「遊ぶ」ということですから、もちろん選手たちが主体になります。僕が「おまえ、

＊**井上円了**（1848～1919）東洋大学の創立者である。新たな時代に対応するために、哲学による日本人の新たな「ものの見方・考え方」が必要と考え、1887年に私立哲学館（東洋大学の前身）を創立した。

＊東洋大学HP掲載記事「伝統を受け継ぎ、新たな時代を築く。東洋大学硬式野球部が掲げる〝プレイベースボール〟とは？」
https://www.toyo.ac.jp/link-toyo/sport/baseballclub_sugimotoyasuhiko/

プレーしているか?」という声掛けをすると、「うん……?」となってしまう選手もいますが、やはり選手が自ら主体的に考えて、自分が何をやりたいのか、どうなりたいのかを考えることが学生にとって一番大事ですよね。ですから、プレーベースボール、本当の意味で野球で遊ぶというレベルに東洋大学硬式野球部が到達できたらいいなといつも思っています。

うまくいかない時のアプローチ

うまくいかない時のポイントは、選手が自分の現状と折り合いをつけること

——競技スポーツなので、やはりそこには勝敗という結果がついて回りますが、思うようにパフォーマンスが上がらなかったり、本番で実力をなかなか発揮できないこともあります。そのような、うまくいかないときは、杉本監督はどのようなアプローチを意識しているのでしょうか。

杉本　コーチングの勉強をしていると、多くの本には、勝利という結果だけではなく、勝利のために努力することが一番大切だということが書いてあります。一方で、野球の現場では勝ち負けがはっき

りしますし、打率をはじめすべてが数値化されますので、甘くはないですよね。結果が出ない選手に対して、僕は「折り合いを付けろ」と言います。それは、自分の行動が招いた結果だからです。

だから、「おまえは、大丈夫だよ」「おまえは、そんなもんじゃないんだ」などと声を掛けるのではなくて、逆に折り合いを付けさせたほうがいいと考えています。自分の現状に折り合いを付ければ、次に何をすべきなのかを主体的に考えられるはずです。「おまえの結果と、自分の今の状況でちゃんと折り合いを付けろ」と、選手が自分で考えるように促すほうが、僕は良いような気がします。

――選手が自分自身で、今の状況をしっかりと受け入れられるようにアプローチしていくのが大事だということでしょうか。

杉本　そうですね。受け入れさせないと、前には進めないのではないかと思います。

トップアスリートへの指導

プロを目指すには〝本気度〟が重要

――東洋大学硬式野球部は、伝統的に数多くのプロ野球選手を輩出していますが、杉本監督の元からも毎年のようにプロ野球選手が育っています。卒業後もトップレベルで活躍するような選手に対しては、指導するうえで特に心掛けていることはあるのでしょうか。

杉本　プロに行くような選手は、オーラが出ていますよね。それは、東洋大学の選手もそうですし、社会人野球のときもそうでした。そういう選手に対しては、逆に掛ける言葉はあまりありません。それよりも、自分が本当にプロに行きたければ、現状で大丈夫なのかと問いかけます。言い方はおかしいですけど、「プロに入るだけだったら、俺でも入れたんだよ」ということをいつも選手には言っています。でも、僕はプロでやっていく自信がないから行かなかったわけで、プロ野球の世界に進むのは本当に勇気がいるわけですよ。

プロ野球という、きら星のような素質がある集団の中で、自分はそこで生き抜いていけるんだと結論を出していくことは、生半可な気持ちではできませんよね。だから、プロに行くことがただの夢なら、やめたほうがいいです。そうではなくて、プロに入って、たくさんお金を稼いで、いい車に乗って、豪邸を建てるぐらいの目標を持っているなら行けばよいと思いますし、そのためにはもっと努力しなさいという話もします。そこに本気度が見えたときには、こちらから強くアプローチすることもありますが、プロに行きたいと言っているにもかかわらず、まったくその本気度が見えない選手に対しては、それ以上は何も言いません。

プロ野球界に進んだ選手の大学時代

——オリックス・バッファローズに行った中川圭太選手*が、在学中は私の講義を履修していて、わりと話をする機会がありました。彼は、学生の日本代表にも選ばれていて、すごく忙しそうにしていましたが、しっかり授業に出席して、熱心に受講していた印象があります。

杉本　本当ですか。

——そうなんです。授業が終わったら、「先生、こんにちは！」といって話し掛けに来てくれました

＊中川圭太　東洋大学出身のプロ野球選手。右投右打の内野手で、大学3年時には大学日本代表に選出され、日米大学野球とユニバーシアードに出場する。2018年ドラフト7位でオリックス・バッファローズに入団した。

2018年のドラフト会議で指名を受け、現在はプロで活躍する（左から）甲斐野央選手、梅津晃大選手、中川圭太選手、上茶谷大河選手。

ね。当時の中川選手は、プロでやるという覚悟が決まっていたせいか、受け答えも含めて本当にしっかりしているなと感心していたのですが、杉本監督からそういう立ち居振舞いのアドバイスもあったのでしょうか。

杉本　いや、彼は、もう高校（ＰＬ学園高校）のときからそういった訓練は受けていると思います。ＰＬ学園はその面での教育も素晴らしいですからね。

——なるほど。高校時代からトレーニングできていたのですね。

横浜ＤｅＮＡベイスターズに行った上茶谷大河選手*も、やはり受け答えがしっかりしている学生でした。

杉本　上茶谷も自分の目標をしっかり持ってい

て、かなり意識が高い学生でしたね。彼は京都学園から入ってきて、最初はプロ志望ではなかったかもしれませんが、周りの選手たちに負けじと一生懸命やっていたことが、急成長に結びついたと思います。

大学生としての部員へのメッセージ

一般社会で大学野球の経験が再評価されるためにも、知的好奇心をもった学生生活を送ってほしい

――杉本監督のもとにはたくさんの部員がいて、もちろん、プロに行くような選手もいますが、大半の場合は大学の4年間で競技生活に決着を付けるのではないかと思います。監督は、部員には大学生としてどうあってほしい、どのような大学生活を送ってほしいと考えていますか。

＊**上茶谷大河**　東洋大学出身のプロ野球選手。右投右打の投手で、4年時には東都大学野球リーグ1部のＭＶＰと最優秀投手を受賞した。２０１８年ドラフト1位で横浜ＤｅＮＡベイスターズに入団した。

東洋大学硬式野球部監督　杉本　泰彦

杉本　うちは1学年につき30人近くの部員がいますが、そのうちの8人、9人ぐらいが卒業後も競技者として野球を続けます。つまり、30%の部員が野球を続けることになりますが、残りの70%は野球から離れるので、やはり一社会人として社会性を持って生活してほしいですね。自分が大学まで野球をやったというプライドを持つことは大事ですが、東洋大学のような厳しい環境でやっていたんですねと言われるようになるには、まず仕事を頑張らなければなりません。

仕事を頑張ることによって、自分が野球をやっていたことが、周囲から再評価されると思っています。今までは、野球という自分たちが慣れ親しんだフィールドの中で過ごしていましたが、卒業すると、まったく違うフィールドに行くわけですよね。一般社会のフィールドに順応していくためにも、知的好奇心を持ち続けるような学生生活を送ってほしいと思います。

読者へのメッセージ

野球の理解力を向上させるために読書の習慣を

——これから大学野球界を目指す中高生に向けて、メッセージをお願いします。

杉本　中高生に国語の勉強をしろと言ってもなかなか難しいので、僕は読書をお勧めしますね。絶対的な読書の習慣を中高生のときから身に付けておいたほうがいいと思います。それはなぜかというと、大学野球にもなると、指導者は、どんどん難しいことを言い出すわけです。だから、指導者の言っていることを理解できないと、その時点で置いていかれますし、成長も止まってしまいます。

中学校など、まだレベルが低い年代は、自分のポテンシャル、いわば瞬発力で野球ができるところがたくさんあるはずです。でも、ある一定のレベルからは、瞬発力だけでは通用しなくなってしまいます。そうなると、人が言っていることだったり、人の気持ちだったり、何を言おうとしているのかをしっかりと理解する力や知識がなければ、僕は絶対に通用しないと思います。だから、中高生のうちから、活字とか、読書に慣れ親しんでおいたほうがいいんですよね。

――読書も含めて、やはり文字を読むとか、言葉を理解するということが大切なのですね。

杉本　そうですね。理解力ですね。

――そういう力が、レベルが上がってきたときの野球選手としての自分を高めていくことに直結してくるということでしょうか。

杉本　野球だけではなくて、どのスポーツも、そういう知識が入ってこないと、まったく成長が止まってしまいますからね。知識を入れるためのトレーニングという意味でも、読書は大切だと思います。

（2021年9月29日、オンラインにて）

INTERVIEW

INTERVIEW

06

東洋大学ラグビー部監督

福《ふく》永《なが》 昇《しょう》三《ぞう》

1975年生まれ。岐阜県出身。関商工高等学校にてラグビーを始め、3年連続で花園出場。東洋大学に入学。4年でキャプテンとなり、関東大学2部リーグ全勝優勝。卒業後は三洋電機に入社。ラグビートップリーグ元年である2003年に、三洋電機ワイルドナイツの初代キャプテンとなる。2008年、初のリーグ戦全勝、日本一を達成。これまでに、ラグビー関東代表、学生日本代表、U23日本代表に選出される。2018年より東洋大学ラグビー部監督。

06
Shozo
Fukunaga

――聞き手 谷釜 尋徳

「美点凝視」で、
良い部分を磨いていく

あなたにとってのコーチング哲学とは？

誰でもできることを、誰もできないぐらい完璧にやる（凡事徹底）

――大学の指導者として大切にしている信念や、考え方を聞かせてください。

福永　何より、人間力を高めることを大切にして取り組んでいます。ラグビー部の哲学というか、理念の中にも、『論語』*にちなんで「全員が仁者になる」というものがあります。

チームの中の2割、3割ではなくて、「全員が」というところを大切にしています。「仁者」というと、難しくなってしまいますが、選手の口からもよく出ることですが、とにかく「かっこいい男になる」というのが、われわれの目的です。

そこが根本にある考え方ですね。結局、ラグビーをするうえでも、社会に出てからも、やはり人として生きていかなければならないので、人として大切なことを学んでいこうという意識で取り組んでいます。

――人間としてどうあるべきかという部分が最初にあって、そのうえで、ラグビー選手として、東洋

大生として、といったところが乗っかってくるのですね。

福永　はい。あとは「凡事徹底」という言葉をチーム内で常に共有しています。当たり前のことを、当たり前にやるという意味ですね。

また、同じように口酸っぱく言っているのが、プレーも含めて、生活面も含めて、誰でもできることを誰もできないぐらい完璧にやるということです。うちのチームでは、クロスフィットトレーニング*を取り入れていますが、その考え方は英語で"virtuosity"、要するに凡事徹底と同じような意味で、一つひとつの動作を誰もまねできないレベルで完璧にやるという積み重ねが大切になります。

――このあたりの考え方は、福永監督が4年前に就任した頃から、一貫して選手に伝えていることでしょうか。

福永　そうですね。

＊『論語』とは、中国の思想書で、孔子（前552～前479）の没後、門人による孔子の言行記録を、儒家の一派が編集したものである。

＊クロスフィットトレーニングとは、短時間、高強度のトレーニングで無駄のない強い身体づくりを目指す、グループで行うワークアウトである。10の身体能力（心肺機能、スタミナ、筋力、柔軟性、パワー、スピード、連動性、俊敏性、バランス、正確性）を総合的に改善することで、包括的なフィットネスの形成を目的としている。

――「凡事徹底」という言葉は、陸上の酒井監督も強調されていました。

福永　本当ですか。うれしいです。酒井監督は、東洋大学の学生時代の同級生なんですよ。4年間、ずっと同じ寮で暮らしていました。今も、よくアドバイスをもらいます。

ご自身の大学時代をふりかえって

運動部の垣根を超えて、交流を深めた大学時代

――福永監督の大学時代は、競技面や学校生活の面で、どのように過ごしていたのでしょうか。

福永　ラグビーの競技に没頭させてもらって、本当に良い仲間に出会えたことが財産です。そういう思いが一番強いですね。

ラグビー部員はもちろんですが、酒井監督も含めて、今よりも、他競技の部員同士の交流があったと思います。同じ寮でしたし、食堂も共同でした。そこが、すごく良かったという印象がありますね。

——今は、同じ部活のチームメイト同士はいつも一緒にいますが、ほかの運動部員と交流する機会が少ないですよね。しかし、福永監督の大学時代は、他競技の部員同士が情報交換も含めて仲良くやっていたのですね。

福永　そうですね。英語の授業や夏期講習でも、運動部の学生が一緒に集まることもあって、そこでお互い協力していましたね。

——部活生同士もそうですけど、一般の学生とも授業などで交流があったのでしょうか。

福永　はい。教室で会えば、けっこう話もしていました。

——そういう学生同士の横のつながりや、風通しのよさは、とても大切なことですよね。

福永　本当にそう思います。お互いに応援し合える関係性は、かなり力になるものです。そういう競技の垣根を越えたつながりこそ、本当に目指すべきところだと思いますね。

——福永監督が大学に通っていたときに、何か学業面でのエピソードはありますか。

福永　私は法学部でしたが、先生方は優しかったですね。皆さん、部活動を応援してくれました。ただ、そこに甘えていた部分があったのは、少し反省しています。大学時代に、もう少し勉強にも一生懸命取り組んでいれば良かったなという思いはあります。ですから、今、学び直していて、大学院でスポーツ心理学を研究しています。

大学生への指導

大学ラグビーには〝競争〟と〝協調〟が必要

――福永監督は、社会人のラグビー選手として活躍し、他大学でもコーチを経験しています。その後、東洋大学の監督になりましたが、選手の指導をするうえで、社会人と大学生ではどのような違いがあるのか、感じているところがあれば教えてください。

福永　社会人ラグビーは生活と直結していますし、真剣度合いというか、大学とはステージが違うと思います。家族を養っている人もいますし、そういう意味でも、本当の真剣勝負をしています。競争

という点では、社会人のほうがすごく強くて、大きいと感じますね。
大学では、親元から離れて暮らしていく大変さを、初めて実感する学生も多いと思います。

――ラグビー部は、寮生活ですからね。

福永　自分で洗濯をしたり、食事を用意することで、初めて親御さんのありがたさに気が付くと思います。その後、社会人になると、経済的な自立が求められるようになるので、より真剣に生きていかなければなりません。その点で、社会人は本当に真剣勝負をしているなという印象がありますね。
東洋大学の監督になってみて、選手間でも競技に対する温度差があると感じました。そういう中で、大学生を指導するうえで大切にしているのは、「競争」と「協調」です。

そのバランスを取っていくところが、やはりラグビーを含むチームスポーツの醍醐味ではないでしょうか。チーム内でも、競争がなければ強化されていきませんが、競争ばかりだと、今度は協調性がおろそかになって、チームができあがっていかないので、そのバランスがすごく重要だと思います。

――今、東洋大学のラグビー部員は何人ぐらい在籍していますか。

福永 今、80人ぐらいですね。

――ほかの大学のラグビー部と比べたら、80人という数字は一般的なのでしょうか。

福永 うちは、少ない方かもしれませんね。160人、170人というチームが多くて、100人を超えているところが大半です。

だからこそ、競争と協調です。これは学生にもよく言っていることですが、競争といっても、利己的な部分だけだとチームは成り立たないので、「利他」の力も必要になります。

――福永監督は、競争と協調のバランスを強く意識して指導にあたっているのですね。

福永 はい。ラグビーにおいては、大切な部分だと思います。

“世界”が身近なところにあるのが、ラグビー界のアドバンテージ

――ラグビー界は、コーチ教育が充実していますが、福永監督は大学生を指導する際、指導場面での4つのアプローチ（指示、提案、質問、委譲）をどのように使い分けていますか。そのほかにも、意識しているアプローチの仕方があれば、教えてください。

福永　他競技のコーチ養成のシステムを全然知らないので、ラグビーが良いのかどうかはわかりませんが、「世界」をとても身近に感じられるのがラグビー界だと思います。コーチ同士の国際的なネットワークが構築されているのは、ラグビー界のアドバンテージですね。そういうつながりから、日本代表のコーチや、オールブラックス*のコーチともすごく親しくしています。

情報がすごく身近にあるという、とてもありがたい環境です。ただ、そこから得た情報を自分のチームの選手に伝えることの良し悪しは、指導者がしっかり考えなくてはなりません。もちろん、カテゴリーによって伝わり方も違いますし、できる、できないもあります。先ほどの4つのアプローチも含めて、このあたりはバランスやタイミングが本当に大事だと感じています。

コーチのアプローチとして、指示、提案、質問、委譲という4つは、すべて必要ですし、大切だと

---

*オールブラックスとは、ラグビーのニュージーランド代表チームの愛称である。

思います。さらに、追加すると、「アウトプット」も重要ですよね。

選手たちには、休みの日に自分や仲間の出身校に行ってもらうこともあって、高校生への指導を通して選手自身がアウトプットする時間も取るようにしています。インプットするだけではなくて、アウトプットすることも必要ですからね。もちろん、チーム内でも、AチームがBチームに対して、あるいは、上級生が下級生に対して教えることで、アウトプットできる機会づくりは大切にしています。

選手の海外留学の機会も積極的に設けています。海外留学ではニュージーランドのトップチームと一緒に参加させてもらえるので、自分自身で見て、肌で感じられることもプラスだと思います。私自身もニュージーランドでコーチ資格を取らせてもらったり、南アフリカに行かせてもらうことで、新しい考え方を吸収できるので、非常に役立つことも多かったです。中でも、興味深かったのは、「3つの見方」があるということでした。「虫眼鏡」で見るときと、「ヘリコプター」から見るときと、「衛星」から見るときとでは、見え方が全部違いますよね。

アリのように小さいものを見るときは、必要な眼鏡も違うわけですから、うまくビジョンを使い分けていくことが大切です。これはニュージーランドのコーチング研修で学んだことですが、すごくしっくりきました。学生を指導するうえでも、虫眼鏡を使わなければいけないときもありますし、衛星から見なければいけないときもありますからね。


——3つの見方を研修で学んで、監督自身もそれを指導現場に落とし込んでいるのですね。

福永　はい。選手間でもコーチ間でも、使い分けなければいけないと思っています。

――海外のトップレベルから学べる環境があるというのは、すごいことですよね。

福永　自分の成長に直接的につながってくるので、本当にありがたいなと思います。あとは、トップダウンとボトムアップについても、いろいろな方針があると思いますが、どれも正解だという話をされたこともありました。私も本当にそうだなと共感して、やはりタイミングによってトップダウンが必要なときもあるし、ボトムアップで時間をかけてやるべきときもあるし、使い分けが大切ですよね。

大学生の指導は、インプットされた選択肢をアウトプットすることで主体性が生まれる

――選手に教え込むことや、主体的に考えさせることのバランスについては、どのように考えていますか。

福永　選手の主体性を促すのは、一番良いことだと思いますね。要するにボトムアップというか、選手が考えて実行したものが、本当の力になっていきます。ただ、選択肢はたくさんあるので、そこに

気が付いてもらうのも一つ大事なことだと思います。高校生の選手にも主体性を持たせるという話もよくうかがいますが、経験がない選手たちだと、選択肢が非常に少ない可能性もありますよね。ある程度、経験を積んで、どのような武器があるのかに気付いてから、主体的な取り組みを目指すというプロセスもあるのかなと、少し思います。

――どこかのタイミングで、ある程度インプットがなされていないと、アウトプットできる材料がないことにもなってしまいますよね。そうすると、高校生よりも、大学生のほうが選手にアウトプットさせるアプローチが取りやすいということでしょうか。

福永　もちろん、そうですね。大学生は、それぞれの高校で学んできたカルチャーというか、特色があります。いったん、その固まったものを出し合ってチーム内で共有することで、選択肢が増えるというのは大学の特徴です。なので、会話、議論、ミーティングをしていくと、あぁ、そういう考えもあるよねということがたくさんあります。そういう意味で、大学生は比較的、選手の主体性をつくりやすい、イメージしやすい年代だと思います。

ニュージーランドのコーチング研修で、よく"Look, Talk, Act"と言われます。現場で見て（Look）、話し合って（Talk）、行動する（Act）というサイクルです。だから、じゃんけんでよく例えますけど、グー、チョキ、パーという選択肢を知らなければ、そもそも勝負にはならないですよね。その次に、いつグーを出すんだ、いつチョキを出すんだ、いつパーを出すんだというところも含めて、積み上げていかなければなりません。

――おそらく、東洋大学のラグビー部員の中でも競技レベルの濃淡があって、いろいろな選手が入ってくると思います。高校時代に、プレーも知識もかなりのレベルまで習得している選手と、能力はあるけど、あまりインプットがなされていない選手に対しては、やはりアプローチを変えながら指導しているのでしょうか。

福永　そうですね。高校の先生たちの方針で、本当にさまざまな考え方が生まれますし、高校で初めてラグビーをする選手が多いので、入学後に個々の状況を見ながらアプローチしています。

チームづくり

ミーティングを重ねてお互いを理解することで、ラグビーを〝哲学〟していく

――東洋大学ラグビー部は、東洋大学の建学の精神を大事にしていて、「ラグビーを哲学する」というチーム理念を設定し、ビジョンもしっかりと持って活動しています。そのようなチーム理念やビジョンを、チームづくりにどのように落とし込んでいるのかを聞かせてください。

福永　このあたりも選手の主体性が大切だと思っています。よく、選手同士で、ニワトリが先か、卵が先かのような話をずっとしてもらうことがあります。どういうことかというと、今のパスを落としたのは、パスが悪かったのか、取る人のスキルがなかったのか、もしくは、そのパスを出す前のプレーの影響があったのか、メンタル面に問題があったのかなど、深掘りして議論してもらうようにしているわけです。

高校時代に出来上がったものもそうですし、育った環境によっても考え方は違うので、お互いを理解するという意味で、話し合う場をできるだけ設けるようにしています。今年度は、選手が各自で

PowerPointでスライド資料をつくって、1人1回ずつ自己紹介のプレゼンをしてもらいましたね。

そこで背景が見えてくると、だからそういう言葉を話すのかということが、本当に伝わってきますし、その後の会話もしやすくなってきます。ラグビーは多くの人数で行うチームスポーツなので、お互いを理解することや阿吽の呼吸が大切です。だから、うちのチームでは、ミーティングの回数も多いですね。

チームのビジョンに関しては、新チームがスタートするときから定期的に、こちらのほうからも話をしていきます。大きく分けて、ラグビーのメンタル、戦術、フィジカルの話をしますが、どの時期に、どのタイミングで、どの強度で行うのかを説明して、みんなが理解したうえで進めるスタイルにしていますね。どこにピークを持っていくのかを定めて、年間、月間、週間で計画を立てていきますが、そういうことも全員がだいぶ理解できるようになったと思います。

――監督も一緒に入るミーティングもそうですが、選手同士でプレーについて話し合うところも大事にしているということでしょうか。

福永　はい。競技の特性上、試合中に監督はフィールドに立っていませんからね。そこがラグビーの特性で、本当の意味で選手が考えて進めていかなければなりませんし、瞬時に自分で判断する力も求められてきます。

——お話を聞いていて、何か、答えのないものに対して向かっていくというところが、やはり「ラグビーを哲学する」というチーム理念や、東洋大学の「諸学の基礎は哲学にあり」という建学の精神に紐づいているように感じました。

〝知好楽 遊〟の意味とは

〝知好楽〟から〝遊〟の境地へ

——福永監督のご著書『ラグビーの哲学』*を読んで、「知好楽 遊」について書かれた箇所に感銘を受けました。知っているだけでラグビーをしている人は、ラグビーを好きな人には勝てない。ラグビーを好きな人は、ラグビーを楽しんでいる人には勝てない。ラグビーを楽しんでいる人は、遊びの境地でラグビーをしている人には勝てないということが段階的に表現されています。「遊」の境地に

至ることが大事だという点が端的に言い表わされていますが、このあたりについて教えてください。

福永　『論語』を読むようになって、特にこの部分は、私も初めてびびっときたというか、自分事に置き換えて、本当にそうだなと一番強く感じたところです。『論語』には、「これを知る者は、これを好む者に如かず、これを好む者は、これを楽しむ者に如かず」と書いてあります。この「知好楽」の箇所は、比較的知られていると思います。

これに「遊び」を付け加えたところが、本当に面白いと感じた部分で、私も今、その境地に至ろうとして取り組んでいます。ラグビーが大好きで、ラグビーをずっとやってきたので、没頭できるというか、休みもなくずっとやらせてもらっています。傍から見ると、大変そうだねと言われますが、全然、大変だと思ったことはありません。

まさに物心ついた子どもと同じ境地ですよね。子どもは、興味を持ったものを一日中ずっとやっていて、食べることも忘れるぐらい、ずっとやれるじゃないですか。

それが遊びの境地だと思います。例えば、テレビゲームもそうですけど、何か好きなものを見つけたら、もう食べることも寝ることも忘れて没頭してしまうような境地です。これは大人になってからも、釣り、サーフィン、ゴルフなど趣味の世界と同じかもしれません。そういう境地で競技と向き合える人には、簡単には勝てないだろうなと思います。言葉を変えると、それを「努力」と言うのかも

＊『ラグビーの哲学――論語に学ぶ One team の作り方』吉田善一・福永昇三、冨山房インターナショナル、二〇二〇年。

東洋大学ラグビー部監督　福永　昇三

しれませんね。

――ラグビー部員の皆さんにも、この「遊」の境地に至ってほしいという思いがあるわけですか。

福永　そうですね。これは、至ってほしいということでもなくて、自然とその境地に入っていくものなのかもしれません。感覚的なところもあり、難しい部分ですよね。

うまくいかない時のアプローチ

〝美点凝視〟をして、すべてを成長の機会として捉える

――競技スポーツなので、そこには勝敗という結果が付いて回りますが、思うようにパフォーマンスが上がらないことも、試合に勝てないこともあると思います。そういうとき、チーム全体、あるいは個々の選手に対して、どのようなアプローチをしているのでしょうか。

福永　「美点凝視」という言葉をチーム全体で共有しています。美しい点を凝視するというか、文字通りに良い部分を見るようにしています。試合の後はいつも選手から、試合の内容や生活面も含めて、良い部分は何だったのかを聞いています。

毎月、部員同士のグループワークをしますが、お互いに「美点凝視」をします。私も若い頃からそういう物の見方ができれば良かったなと思っています。どうしても、特に負けている時は、駄目だったところとか、ネガティブなところを見ようとしがちですけど、良い部分を見て磨いていけることのほうが大事ではないかとすごく感じています。もちろん、良い時も悪い時も、それも含めて遊びの境地でやっていると、気にならなくなることもあります。すべてがプロセスの一環だという認識で、負けてもそこには何かしら「美点」があるはずだから、それも成長の機会だと捉えることが大切ですよね。

長期的に見ると、良い時でもバーンアウトすることはあります。バーンアウトしてしまっても、その時はその時で受け入れて、長期的なプロセスと捉えることが大事です。それが、いつか大きなエネルギーになるときが必ず来るので、試合に出る、出ないもそうですが、自分の順番が来るときに備えて蓄えるというか、それもまた人間性の向上につながってきますし、そういう人はやはり応援されますよね。

――しかるべきときに備えて、準備を怠らずに行動するということですね。

福永　これは、４年間の大学生活だけの話とは限りません。卒業後も含めて、何十年かたった時に、そういえば、あいつ試合に出られなくても頑張っていたなという人が、もし何か大変な目に遭っていたら、やはり助けたくなりますよね。

——うまくいかない時に、どういう姿勢で取り組むかということは、長いライフスパンにおいて極めて重要だということですね。

福永　はい。絶対つながってくると思います。

トップアスリートへの指導

——福永監督のもとには、卒業と同時に競技生活を終える選手も多いとは思いますが、中には、社会人のラグビーチームに入って活躍する選手もいます。そのような、トップレベルの選手に対して、指導するうえで何か心掛けていることはあるのでしょうか。

福永　そういう選手に対しては、人から喜んでもらうことを考えようという話をよくしますね。周りにいる人、応援してくれる人、見てくれている人に喜んでもらえないと、やはりプロの世界では仕事になっていきません。プレーだけではなくて、喜ばせた数だけ、本当の価値につながっていく世界だと思います。
実業団やプロの世界は、自分自身で判断をして、自分を信じて進んでいかなければなりません。さまざまな方たちと出会う中で、ひがみとか、ねたみも感じるでしょうし、対戦相手からもそういったものがあるでしょうし、メディアの情報もあるでしょうけど、ぶれない確かな信念を持って、自分で判断していくことが大切です。

大学生としての部員へのメッセージ

選択肢と時間がある大学時代、一日一日を大切に

——部員の皆さんには、大学生としてどうあってほしい、どのような大学生活を送ってほしいと思っていますか。

福永　先ほども話しましたが、全員が「仁者」になってほしい、つまり、本当にかっこいい男であっ

東洋大学ラグビー部監督　福永　昇三

てほしいですね。あとは、ほとんどの卒業生が、大学時代に戻りたいですとか、あの時もっと真剣にやっておけば良かったと言いますよね。だから、今の部員たちには、君たちにとっては、そういう時間が今なんだ、だから、一日一日を大切にしようという話をよくしています。

――大学時代は、本当に限られた、最高の時間ですよね。

福永　選択肢と時間があるのが大学の特徴です。高校はおそらく、一生懸命やるだけで過ぎてしまうのでしょうが、大学は自分で選択する時間が増えてきます。それがあるから、社会に出てからの考え方にもつながってくるのでしょうね。

読者へのメッセージ

心遣いや、思い遣りのある行動を心掛けることが、競技人としての成長にもつながる

――これから大学ラグビー界を目指す中高生に向けて、メッセージをお願いします。

福永　人として当たり前の整理整頓をするとか、自分がされて困ることは人にしないとか、困っている人がいれば助けるとか、目を見て笑顔で挨拶をするとか、ありがとうとたくさん言ってもらえるように心掛けることが大切だと思います。「心」や「思い」は目に見えないけれど、心遣いのある行動、思い遣りのある行動は間違いなく目に見えます。そういう行動を心掛けていくと、競技人としての成長にもつながっていくはずです。ラグビーだけではなく、競技の垣根を超えて、そういう姿勢を持つことが大切ではないでしょうか。

（2021年10月1日、オンラインにて）

東洋大学ラグビー部監督　福永　昇三

INTERVIEW

07

東洋大学バスケットボール部
男子部ヘッドコーチ

佐《さ》藤《とう》 信《のぶ》長《なが》

1970年生まれ。秋田県出身。能代工業高等学校ではウィンターカップ連覇を達成。その後、明治大学を経て、1993年に住友金属に入社。1998年にバスケ部の休部にともないアイシン精機へ移籍。ポイントガードとして、スーパーリーグやオールジャパンの優勝に貢献する。その後、福岡レッドファルコンズ、松下電器で活躍。2008年に現役を引退し、母校である能代工業高等学校の監督に就任。Bリーグ青森ワッツのヘッドコーチを経て、2018年より東洋大学バスケットボール部男子部ヘッドコーチ。

07
Nobunaga
Sato

──聞き手 谷釜 尋徳

練習の流れを止めずに、選手が主役の環境をつくる

あなたにとってのコーチング哲学とは？

現役プレーヤーから急にコーチへ転身
——名門高校、プロチーム、大学を渡り歩いて辿り着いたスタイル

——大学の指導者として、大切にしている信念や、考え方を聞かせてください。

佐藤　私は現役の選手を長くやってきましたが、引退後、急にコーチをすることになり、7年間、母校の秋田県立能代工業高校（現・能代科学技術高校）を指導しました。指導者になって実感したのは、やはり、バスケットボールをプレーすることと教えることは、１８０度違うということです。コーチングを勉強せずに、いきなり教える立場になってしまったので、「なんでこれもできないんだ!?」というところから始まりました。そこから自分を省みるようになり、一方通行の言葉で伝えていたことに高校生から気付かせてもらいました。もちろん、私だけで解決したのではなく、外側からの声も参考にしています。同僚の高校の先生からは、高校生とはどういう生き物なのかというアドバイスを受けたり、いろいろな人の話を聞いたうえで、自分自身で考え方をアレンジしていったというのが最初でした。

高校で指導した後、プロ（Bリーグ青森ワッツ）のコーチになり、それを経て、東洋大学の指導者になったのですが、やはり大学生の指導が一番難しいと感じています。高校生であれば、指導者が大きな存在感を発揮して、きっちり管理していく部分も出てきますが、大学生は子どもから大人へと成長していく時期ですので、やらせる一方ではなくなります。

大学スポーツは、学生が主役です。今も試行錯誤していますが、コーチの一方通行な指導ではなく、大学生には自主性を持ってほしいと考えています。彼らが主役ですから。私がいろいろ教える場面はありますが、自分たちでそこをアレンジしていかなければいけない年代ですよね。なので、私も今、あまりアドバイスをし過ぎずに、ある程度観察したうえで、ここは必要だなと思ったところで声を掛けるというような指導スタイルにしています。やはり、4年生が主役になってチーム全体を引っ張っていくのが学生スポーツだと思いますので、4年生とコミュニケーションを密にして、最後は、4年生が良いかたちで卒業できるような方向に持っていくことを、いつも頭に入れて指導にあたっています。

東洋大学バスケットボール部男子部ヘッドコーチ　佐藤　信長

ご自身の大学時代をふりかえって

学生主体でプレーした大学時代
――自ら考えて行動する風習が社会勉強に

――佐藤コーチは大学時代、明治大学で活躍していましたが、競技面や大学生活の面で、どのように過ごしていたのでしょうか？

佐藤　私の大学時代は、チームに専任のコーチが常駐しているわけではありませんでした。ＯＢの方々が会社に勤めながらコーチをされていましたので、仕事の都合で来られない日もありました。とにかく、学生中心で、特にキャプテンや4年生を中心にやっていたというのが、私の学生時代です。なので、そのときのコーチの方には失礼かもしれませんが、技術的なことを教わった記憶はほとんどなく、高校時代の貯金で過ごしてしまったかなと思います。その当時、30年ほど前ですので、ウエイトトレーニングなどの科学的な手法も導入されていませんでした。

そういう時代でしたので、練習も、本当に走るだけというような内容で、これは練習なのかなと思うくらい走らされていた記憶があります。

――当時、常駐のコーチがおらず、学生主体でチームを作っていたということですが、卒業後、実業団での選手生活や、その後コーチをするようになって、大学時代の経験が生かされたことがあれば、聞かせてください。

佐藤　やはり、学生同士で話し合っていろいろなことを進めていった経験は、大いに役立ちました。私の大学時代は縦社会の風習が強く残っていましたから、大学生活でも今から見れば理不尽なところがあったと思います。社会に出ても大変なことはたくさんありますので、大学時代の上下関係を経験したことは、一種の社会勉強になっていたのかもしれませんね。

あとは、目上の方に対する接し方は、大学生活で学んだことが社会人になって生きました。例えば、ちょっとした気遣いですよね。職場での会食の席でお酒を注ぐ。たばこを吸う方には自然と灰皿を出す。自分としては、大学時代まで当たり前だったことをしていただけですが、滅多にお話ができない上役の方々に褒められたりもしたものです。そういう面では、大学の体育会でスポーツをやっていたことが、役に立ったと思います。

大学生への指導

大学生の選手として成長を促していくために、どのような指導上の工夫をしていますか。

――大学生の選手と関係性を築く秘訣とは

佐藤　私が学生とどのようにコミュニケーションを取っているのかをお話しします。まず、練習前のコンタクトとしては、他愛もない世間話から入ることが多いです。私の中で、少し心配だなと感じている選手に対しては、練習前にいろいろと声を掛けるようにしています。

反対に、こちらが黙っていても大丈夫な選手はけっこういるじゃないですか。そういう選手には、様子に変わりがなければ、練習中にアドバイスをすることはあっても、あとはごく普段通りに接していますね。

学生は一人ひとり、今まで育ってきたバックボーンが違います。細かいところですが、家族構成など、いろいろな情報を雑談の中で聞き出して、それを頭の中に入れながら会話しています。あとは、出身高校の先生に、高校時代はどういう生徒だったのかもリサーチしながら、個々の選手に対するアプローチを考えています。

選手目線に立った練習の組み立て方

――技術的なコーチングについては、知識をどんどん提供することはせずに、選手に主体性を持たせるという話がありましたが、その辺りの考えを聞かせてください。

佐藤　技術的なところで言うと、私の中で大切にしているのは、とにかく基礎基本ですよね。そこをまず、シーズン前に徹底していきます。その時が、年間で一番、口酸っぱく選手にアプローチしていく時期でしょうか。この時期に、例えば、ピック・アンド・ロール*のオフェンスやディフェンスの方法など、チームの基本的な考え方をしっかり教え込みます。大会が近づいてくれば、ゲーム形式の

東洋大学バスケットボール部男子部ヘッドコーチ　佐藤　信長

中でそれがどれだけできているか、できていないかということをプレーを分解しながらチェックしていきます。できていれば、ほぼ何も言いませんし、できていなければ再度徹底します。

あとは、今年のチームには絶対的なエースがいませんので、オフェンスもディフェンスもチーム全体で共有するプレーの約束事を作っています。それが守れていないときは、練習を止めて徹底させる作業はしていますね。

ただ、選手の中にもリズムがありますので、なるべく練習の流れを止めないように意識しています。私も現役時代に経験がありますが、コーチの話が長いと、体が冷えて動かなくなってしまい、大事なことも聞き流すような現象が出てきてしまうものです。正直言うと、私自身、集中力が長く持たないタイプなので……。それなら、極力練習の流れを止めずに、これは放っておけないなという場面や、本人が気付いていないと感じた場面があれば、そこで初めて練習を止めるというような方法にしています。

人間の集中力はそれほど長くは続かないので、1つひとつの練習メニューは、長くても7分くらい、だいたいが5分くらいに設定し、それを約2時間、繰り返すイメージです。5分間で集中力を高めて全力でやれば、けっこう効果的な練習がこなせますよね。もちろん、ただこなすだけではいけませんが、1つのメニューを全力でできる時間はそのくらいだろうと感じています。

短い時間でしっかり集中できるような方法を、いまだに模索しています。また、伝え方の問題かとは思いますが、なるべく話を短くできるように工夫しているところです。

勝敗についての考え方

試合とは、やってきたことの〝発表の場〟

――競技スポーツなので、どうしても試合が終われば勝ち負けがつきます。当然、勝つこともあれば、負けることもあります。大学生を指導するうえで、勝敗に対しては、どのような考えを持っているのでしょうか。

佐藤　大学スポーツでは、勝ち負けはいやが応でも意識しなければなりません。ただ、学生たちも一生懸命、いろいろなものを犠牲にしてチームの勝利という目標に向けて取り組んでいるので、もちろん勝てるのが一番です。ただ、負けたくてやっているわけではないので、結局はゲームの内容ですよね。

勝って納得するときもあるし、勝っても納得できないときもあります。また、負けても次につなが

＊ピック・アンド・ロールとは、ボール保持者をマークしているディフェンダーに対して、スクリーンを仕掛けて攻撃を展開するという、2人で協力して行うバスケットボールの基本的な戦術のことである。

東洋大学バスケットボール部男子部ヘッドコーチ　佐藤　信長

るゲームはあります。その時々で一生懸命やった結果、やっている選手たちが悔いを残さなければ、私はそれでよいと思っています。その延長線上に勝利が得られれば、ベストですよね。

――ゲームが終わったときに勝敗という結果は出るけれども、選手のパフォーマンスが練習したことに対してどうだったのか、そういうプロセスの部分にフォーカスしているということでしょうか。

佐藤　そうですね。やってきたことがどれだけ発揮できたのかが大切だと思います。要するに試合って、「発表の場」じゃないですか。

失敗から学ぶというマインド

佐藤　バスケットボールにはミスは付きものですが、そのミスの種類にもよりますよね。注意を怠ったミスなのか、防げたミスなのか。積極的にチャレンジしたうえでのミスなら、前向きなミスなので何の問題もありません。しかし、誰が見ても後ろ向きなミスが多くて負けたなら、やはり練習中にそれを改善できていない状態で、ゲームで「発表」してしまったということになります。

　なので、練習中はとにかく、積極的なミスはどんどんするように伝えています。ミスしなければ覚えないこともたくさんあるので、特に初めて試合に出るような選手に対しては、ミスを怖がらずに、積極的にいきなさいというアドバイスはするようにしていますね。

――「失敗から学ぶ」ことを意識されているのですね。

佐藤　はい。そうですね。

部員の将来について

卒業後の社会生活に向けて

――佐藤コーチは、部員の卒業後の将来に向けては、どのように考えているのでしょうか。

佐藤　これだけ部員の人数（約40名）がいれば考え方はさまざまですが、卒業後もプロでプレーしたいと希望する選手は、今、そうはいません。社会人になって、バスケットボールを続ける選手も少ないですね。

つい先日、昨年卒業した教え子が会いに来てくれたんですよ。彼は、社会人になってから、私が常に言っていたことを痛感したそうです。練習中にも、選手には人間性の部分をよく話していたのですが、そういうことの意味がようやく理解できたと彼は言ってくれました。学生時代はわからなくても、本人が、僕が言ったことを後々に思い出して社会で役立ててもらえれば、それでいいのかなと考えています。

ただ、卒業後は自分で稼いで食べていかなければなりません。4年間で、社会人として頑張れるだけのものは手にして卒業したと思うので、冷たい言い方かもしれませんが、そこから先はもう、自分次第だと思います。

――この卒業生の場合は、プロでバスケットボールを続けているわけではないけれども、一般社会に出てみて、大学生活で学んだことが生かされたというケースですね。

佐藤　そうですね。

〝みんなで育てる〟というアプローチから日本代表候補へ

――卒業後にプロに行くような選手、例えば、今、Bリーグの千葉ジェッツでプレーしているラシード・ファラーズ選手は、在学中に日本代表候補にも入っていました。ラシード選手に対する指導として、何か心掛けていたことはありますか。

佐藤　ラシード選手と出会ったのは、私が就任した初年度で、彼が大学3年生のときでした。それ以前は、私はまったく大学バスケ界がわからず、東洋大学に来てみて初めて彼と出会い、大きい選手がいるなと思いました（当時の登録では身長201cm）。ところが、本人といろいろ話をしてみたら、1、2年次は試合にも出ていないし、ベンチにも入っていないと言うのです。

そこから、練習の中で観察していくと、試合に出られなかった理由は、まずボールをキャッチできない点にあることがわかりました。パスをしてもキャッチミスしてしまい攻撃が次につながらないので、周りの選手も彼を使おうとしなかったという状況が見えてきました。

そこで、一度、ラシード選手がキャッチングができない理由は何かということを、チーム全体を集めて話しました。まず、彼がチームの勝利にとって必要なのかと尋ねたら、やはり一番大きいので必要ですと周りの選手たちは答えたわけです。彼の最大の長所は、とにかくあの身長で走れることでした。しかし、彼

ラシード・ファラーズ

Bリーグの千葉ジェッツでプレーするプロバスケットボール選手。埼玉県立越谷西高校から東洋大学に進学し、在学中の2019年には日本代表候補に選出された。

に対して、周りが成功体験をさせていなかったのです。周りの選手は、キャッチングができない、次につながらない、得点が取れないからといってパスを出しませんでしたからね。そこで、「成功体験をたくさん積めば、彼はうまくなれる。君たちは今、必要だと言ったよね。」という話しをして、そこからの練習では、当時の4年生が積極的に、失敗しても彼にパスをどんどん入れるようになりました。回数を重ねていけば、段々と成功するようになるものです。成功イコール、本人の自信になりますよね。それが徐々に定着してきて、ラシード選手は大きく成長していきました。なので、私が教えたというよりも、周りの4年生が、3年生だったラシード選手を一生懸命に育ててくれました。

ラシード選手が4年生になったときに、次の目標を尋ねたら、Bリーグでプレーしたいと答えました。プロバスケットボール選手という目標ができたものの、プロも指導してきた私の目から見れば、そのままでは絶対に無理だということもわかっていました。そこで、彼と話をして、本人が覚悟を決めていたので、そこからはプロに行くことを意識した指導法に変えていきましたね。

彼はとてもポジティブな選手で、練習が大好きなんですよ。周りが嫌だと言うメニューでも、彼は常に前向きに取り組んでいました。本当に、何も吸収されていないスポンジのように、教えればすぐに吸収されていく感じの選手でしたが、そこは彼の人間性ですよね。ラシード選手が日本代表候補にも選ばれ、卒業後にプロに行けたのは、恵まれたサイズだけではなく、持ち前の人間性と、そこに技術が備わったからだと思います。私は、少しアドバイスをしただけですよ。

――チーム全体で育てていこうというアプローチを取ったことが、とても印象的でした。

佐藤　それが学生スポーツだと思います。コーチが育てるというよりも、周りがその選手を必要としているのであれば、自分たちで成長する段階まで引き上げていくことを後押しするようなイメージですよね。

大学生としての部員へのメッセージ

オンもオフも、今できることを全力で

――部員の皆さんには、大学生としてどうあってほしい、どのような大学生活を送ってほしいと思っていますか。

佐藤　まず、今できることを、とにかく全力でやってほしいと思います。バスケットボールも練習は全力でやらないと課題が出てこないので全力でやるべきですが、同じように、オフも全力でやりなさいと言いたいです。要するに、切り替え、メリハリをしっかりしなさいということですね。

せっかく大学に来たなら、さまざまな志を持つ学生たちがいるので、チームメイトだけではなく、

東洋大学バスケットボール部男子部ヘッドコーチ　佐藤　信長

そういう学生仲間と交流することが今後につながると思います。「大学の友は一生の友」とよく言いますからね。

本来、大学生というのは、授業以外のオフの生活も充実させられるところに良さがあります。授業や部活以外の時間で学ぶことも多いですし、社会経験もたくさん積めると思いますので、部員にはオフも大切にしてほしいですね。

読者へのメッセージ

選手の成長は、関係者の協力から

――これから大学バスケットボール界を目指す中高生に向けて、メッセージをお願いします。

佐藤　今の時代、保護者の方々も一緒になって取り組まなければならない部分も多いと思っています。中高生の年代では、特に食育という点で、親の協力なしには成り立ちません。これまでは、運動の部分だけにフォーカスされてきたと思いますが、今は運動だけではなく、栄養と休養の部分も大切です。もちろん、実家ではなく寮生活であれば、その学校がしっかり取り組むべきことですよね。

――選手本人だけではなく、その周囲にいる関係者たちも一緒になってしっかりサポートをしていくということですね。

佐藤　はい。決して甘やかすような意味ではありません。例えば、将来プロバスケットボール選手になりたいなら、どういうことに取り組むべきなのかを親子で共有したうえで、日々の生活を送り、進路選択をしていくことが大切だと思います。

今は、昔のように指導者に預けたら、あとはもう厳しくやってくれという世の中ではないと思いますので、保護者や周囲のサポートも重要ですよね。

（２０２１年９月21日、東洋大学総合スポーツセンターにて）

東洋大学バスケットボール部男子部ヘッドコーチ　佐藤　信長

INTERVIEW

08

東洋大学アイススケート部ホッケー部門監督

鈴《すず》木《き》 貴《たか》人《ひと》

１９７５年生まれ。北海道出身。駒澤大学付属苫小牧高等学校でインターハイ優勝。その後、東洋大学へ進学し、インカレ3連覇を達成。大学時代から15年間に渡って日本代表に選出され、歴代最多となる82試合に出場し、主将も務めた。大学卒業後はコクドに入社。２００２年にはトライアウトに合格し、アメリカ・イーストコーストホッケーリーグのシャーロット・チェッカーズで活躍。帰国後、再びコクド、日光アイスバックスを経て、２０１３年に現役を引退。日本代表監督も歴任。２０１４年より東洋大学アイススケート部ホッケー部門監督。

08

08 Takahito Suzuki

──聞き手 谷釜 尋徳

アウトプットする力を伸ばすことが、選手の主体的な成長につながる

あなたにとってのコーチング哲学とは？

社会に出て活躍できる人材の育成をサポートしたい

――大学の指導者として大切にしている信念や、考え方を聞かせてください。

鈴木　私が一番大切にしているのは、社会に出て活躍できる人材の育成をサポートしていくということです。アイスホッケーは、１９９８年に長野オリンピックが自国で開催されて以来、男子のほうはオリンピックにも出られていません。また、私がプロ生活をスタートした頃から考えると、アイスホッケー界は経済状況も含めて、どんどん競技環境が厳しくなっています。

私自身、37歳まで現役のアイスホッケー選手でしたが、その中でセカンドキャリア、自分の将来については、かなり不安を持ちながらプレーをしていました。それを考えたときに、アイスホッケー、スポーツから学ぶものはすごく多いとは思いますが、選手としてずっと競技生活を続けられるわけではないので、そこに時間とエネルギーを注いだ後にどれだけ社会で活躍できるかというところが大事です。卒業してからアイスホッケーの道に進む、進まないは別として、やはりスポーツで学んだことをどれだけ社会で生かしていけるかを、最終的には一番大切にしています。

大学の4年間で得たものを、少しでも次のステージで生かしてほしいという思いは常に持っていますね。

ご自身の大学時代をふりかえって

競技や学生生活を通して自主性を育んだ大学時代

東洋大学アイススケート部ホッケー部門監督　鈴木 貴人

――鈴木監督の大学時代、競技面や大学生活の面で、どのように過ごしていたのでしょうか。

鈴木　私は北海道の出身なので、まずは東京の生活がとても新鮮だったという記憶があります。その中で、大学生活はアイスホッケーに使う時間がすごく多かったですね。競技以外のところでは、寮生活でしたので、その集団生活が印象に残っています。大学の勉強に関しては、本当に右も左もわからないような状況で何とかやっていました。アイスホッケー部員の中には、一般学生と仲良くなって友達を作るのが上手な学生もいたので、一般学生とも知り合えましたし、勉強のところではすごくサポートをしてもらいましたね。

――振り返ってみて、大学時代の競技や学生生活が、卒業後に生かされたことはあるのでしょうか。

鈴木 私自身の経験としては、高校時代はインターハイで優勝できて、すごく良い思い出があります。ただ、高校ではチームとして行動することが多かったので、大学に入ってから、自分で生活や練習を組み立てていくようになって、自主性が育てられた時期だったと感じています。当時の同級生でも、高校を卒業してすぐ実業団に行った友人もたくさんいましたが、大学は寮生活や授業もありますし、ただ競技だけをする場所ではありませんでした。アイスホッケーの面でも、高校よりかなり自由度が高かったので、自分がどうなりたいか、どういうプレーをすべきなのか、そのためにどういう練習に取り組むべきなのかということをすごく考えさせられた時期でした。

――鈴木監督にとって、東洋大学の学生として過ごした4年間は、選手としても、人間的にも成熟していくために、とても大切な時間だったのですね。

鈴木 はい。本当にいろいろな面から、そのように感じています。

海外への挑戦

より高いモチベーションを求めて、海外挑戦を決意

東洋大学アイススケート部ホッケー部門監督　鈴木 貴人

――鈴木監督は、選手として日本代表でも長く活躍しましたが、アイスホッケーの本場アメリカのプロリーグでもプレーしています。そのような海外挑戦によって実感したことや、今、振り返ってみて得たものがあれば教えてください。

鈴木　大学卒業後、まずは日本国内でプレーして、日本代表でもプレーしてから海外挑戦をしました。自分の中では、日本代表選手になることが小さい頃からの一番大きな目標でした。初めて日本代表として世界選手権に出場したのが21歳で、大学3年生の時です。正直、私の中では、そんなに早く日本代表になれると思っていませんでしたが、その後も継続して日本代表に選んでいただきました。しかし、世界選手権に出ると、やはり世界の壁が高くてふがいない結果が続いていたことと、自分の中で日本代表という目標がとても早い時期に達成されてしまったことで、モチベーションの低下というか、自分は本当にこのままでいいのかという葛藤がありました。そういう中で、やはり海外でプレーすることが、自分にとってプラスになるのではないかという思いで、海外挑戦を決断したのです。

私がプレーしたのは、世界のトップのリーグ、NHL（ナショナルホッケーリーグ）の3軍にあたるチームです。アメリカでも、選手を成長させてくれるような指導は当然ありますが、それ以外の部分で、簡単に言うと、駄目な選手は下のリーグに行くし、良い選手は上に行けるという明確なシステムがあるので、日本との違いもすごく感じましたね。

コーチングの面では、良い部分を褒めてくれることがすごく印象的でした。もちろん、足りない部分の指摘もしてくれますが、それ以上に、良いところを積極的に伝えてくれましたね。

システム上の厳しさがある中で、選手たちは自然と競い合わなければならない環境になっていて、毎日、良い意味でもプレッシャーがありました。私自身は高いモチベーションを求めて海外挑戦をしていましたので、本当に日々、競争、戦いがあるという環境は、逆にすごく楽しかったですね。

——ちなみに、アメリカのリーグであれば、やはり英語でコミュニケーションを取るのだと思いますが、英語は事前に習得してから渡米したのでしょうか。

鈴木　大学3年生の時に、カナダの大学に短期のホッケー留学をしていて、そのときの経験が少しありました。ただ、英語はそんなに流暢ではなかったので、練習外のところでも、チームメイトとコミュニケーションを多く取るように意識していましたね。

大学生への指導

トップレベルの競技者の育成は、社会で活躍できる人材の育成から

東洋大学アイススケート部ホッケー部門監督　鈴木 貴人

――これまでの指導者としてのキャリアの中で、鈴木監督は、アンダーカテゴリーから日本代表まで幅広く指導しています。そういう経験の中で、大学生のカテゴリーには、どのような特徴があると感じていますか。

鈴木　アイスホッケー界全体で言うと、現在、日本にトップリーグのチームが5チームありますが、各チーム、そんなに多くの人数を抱えられない状況です。私たちの時は6チームあって、今よりも各チームが多くの人数を抱えられる状況でしたので、トップリーグに行く選手の割合も今より高かったと思います。今は、大学のトップチームの4年生でも、ごくわずかな選手しか卒業後にトップリーグには行けません。

うちのチームは、2020年度はインカレが新型コロナウィルスの影響で中止になりましたが、2019年度には11年ぶりにインカレで優勝することができて、チームとしては実力を付けてきています（2021年度は春の関東選手権、秋の関東リーグ戦、冬のインカレで3冠を達成）。そういう中で、学生

たちの夢である、トップリーグでアイスホッケーを続けるという環境も整えていかなければなりません。
私たちのチームでは、日本代表で活躍する選手、その先には海外でも活躍するような選手を育成していく責任があると思っています。それと同時に、現実的には8割以上の学生が大学で競技人生を終え、卒業後に社会に出て仕事をすることになるので、やはり社会で活躍する人材の育成ということは根本に置いていています。今、うちのチームの中にも日本代表のフル代表の合宿に呼ばれる選手が数名いますが、在学中に日本代表で活躍するような競技者を育てていくことは簡単ではありません。ですから、社会に出ても活躍できるような人材の育成、つまり人づくりをサポートしていけば、自然と競技でも活躍するような選手が生まれていくのではないかと感じながら、指導をしています。

大学生の成長の秘訣は、アウトプットすること

――今度はコーチングスキルの面について教えてください。監督が選手に技術を教え込んでいく部分がある一方で、選手に考えさせたり、選手に質問を投げ掛けてアウトプットさせるというアプローチも、コーチングの中には含まれると思います。そういったことのバランスについては、どのように考えていますか。

鈴木　私自身、大学を卒業してから15年間トップリーグでプレーして、それとほぼ同じ期間、日本代

表でもプレーしてきました。引退後は、東洋大学の監督をしながら、ユニバーシアードや日本代表のコーチ、そして監督をやらせていただきました。その経験から、教え込むというか、選手に何かを伝えたときに、プロ選手や日本代表の選手は、それを飲み込んで理解する力、そこから問いを立てる力、そして自分たちでアウトプットする力が学生と比べると高いなということは感じました。

私がプロで長くプレーした中で、指導者の方からは、やはり教え込まれる部分が多かったので、大学の指導者としてスタートした頃は、同じように学生に教え込んでいくスタイルでした。そこから、徐々に、学生が自主性、主体性を持って取り組んでいかないと、本当の意味で人としての成長、選手としての成長につながらないのではないかと感じるようになりました。

今は情報量も多い時代で、インプットに関しては、いろいろなところから、いろいろなものを吸

東洋大学アイススケート部ホッケー部門監督　鈴木 貴人

収する環境がありますが、うちのアイスホッケー部の学生を見ると、アウトプットの部分をもっと成長させることが必要だと思います。そこが成長すれば、選手同士で意見をしっかり出し合って、チームとして何が必要なのか、自分には何が必要なのかをより理解して実行していけるはずです。大学の指導をしていく中で、徐々に、学生たちの主体性、自主性をサポートしていくスタイルになってきていますね。

技術を言語化して伝える

鈴木　現在、他競技を引退した人たちと一緒に、アンダーカテゴリーの選手育成の取り組みをしています。育成年代の選手に対して指導する時は、しっかり言語化をして、わかりやすく伝えることが重要ですが、そこは大学生の指導にもすごく役立っています。育成年代の子たちが理解できれば、大学生はもっと理解できますからね。

――ここでいう言語化というのは、プレーのイメージを感覚で表現するのではなく、しっかりと、わかりやすい言葉で伝えていくということでしょうか。

鈴木　そうですね。もちろん、実際に動いて、体で手本を示すことも必要ですが、それと並行して、より具体的な言葉で伝えることがすごく大切だなと実感しながらやっています。

チームづくり

チーム全体で目的を共有することが大切

東洋大学アイススケート部ホッケー部門監督　鈴木 貴人

——鈴木監督が東洋大学でチームづくりをしていくうえで、大切にしていること、工夫していることがあれば教えてください。

鈴木　チームづくりの中では、チームの勝利という「目標」については、大半の学生が同じ方向を向いてやっていると思いますが、一番大切なのは、「なんのためにやるのか?」という意味での「目的」が、チーム全体で共有されていることです。

——大学の校舎内で、アイスホッケー部の皆さんが、チームミーティングを頻繁にやっていたり、鈴木監督が選手と個人面談をしているところをよく見掛けます。そういうところは、チームづくりにおいて大事にしている部分でしょうか。

鈴木　そうですね。全体のミーティングは、チームでやるべきことの共有だったり、チーム全体の状況を少しでも把握するために実施しています。あとは、個々の状況をしっかり把握して、次につなげていくという意味で、個人面談も繰り返し行っています。

うまくいかない時のアプローチ

勝ち負けにつながっている部分を知って、次なる前進を目指す

——競技スポーツなので、そこには明確に勝敗という結果が付いて回りますが、思うようにパフォーマンスが上がらなかったり、練習では良くても、本番で実力をなかなか発揮できない選手も出てきます。そういう、うまくいかない時のアプローチについて、考え方を聞かせてください。

鈴木　スポーツには勝敗が付きものですが、負けにはそれなりの理由があると思いますし、勝ちにも同じことが言えるわけです。ただ、勝敗という結果だけですべてを判断するのではなくて、どういう部分が勝ち負けにつながっているのかにもフォーカスするようにしています。勝ったからすべてが良いわけではないですし、負けたからすべてが悪いわけでもありません。勝ち負けというよりは、チー

ムや個々の選手が、そこからどのように成長していくのかを、試合ごと、大会ごとに見つけて、それをもとに選手たちにアプローチするということを繰り返しています。

――ほかの競技の方にも、インタビューの中でうまくいかない時のアプローチを聞きましたが、勝敗というよりも、練習でやったことが試合でどれだけできているかという点が一つの評価、判断基準になるという話も出ました。そのあたりについては、どのように考えていますか。

鈴木　負けても勝っても、チームが目指すものに対して、どういうことが改善点で、どういうことが良かった部分なのかを、毎回のチームミーティングの最初にビデオを見ながら確認しています。チームとしてチェックすべきことは、まさに練習でやってきたことが出せているかどうかは一つの大きなポイントですが、ただ、もしかしたら、相手が上回っていて、練習でやってきたものを全部出し切っても勝てないという場合は、まずその根本を変えなければいけないかもしれませんよね。

そこは、私たち指導者の仕事という部分が大きいので、練習でやったことを出し切るのはもちろんですけど、その先に、勝っても負けてもまだ何が必要なのかをチーム全体で見つけて、また前に進んでいくようなことを繰り返しています。

トップアスリートへの指導

チームの一員であることを前提に、個の目標設定をサポートする

――現在、鈴木監督の元には、卒業後にトップレベルで活躍するような、在学中から日本代表に入っている選手もいます。そのような、トップアスリートを指導するうえで、心掛けていることがあれば教えてください。

鈴木　私は個人競技をやったことがないので、わからない部分がありますが、個人競技ですと、タイムなど、個人の目標がより明確になりやすいのかなと感じています。アイスホッケーは団体スポーツなので、まずチームとしてはインカレ優勝が一番大きな目標になります。一方で、個としては、その先の日本代表にノミネートされるような選手が出てきています。彼らの中でも、チームとして結果を残すことが大きな目標なのは間違いありません。ただ、日本代表になるような選手はトップリーグに行く可能性が高いので、彼らには個の目標設定も必要です。自分は、何のためにプレーするのか、将来どうなっていきたいのか、在学中に世界選手権に行って活躍し日本代表に定着するためには何が必要なのかというようなことについて、個人面談もうまく使って、個の目標設定にも触れながら、学生

たちをサポートしています。

大学生としての部員へのメッセージ

競技と学業を両立させながら、大学生活を満喫してほしい

――現在、鈴木監督の元にいるアイスホッケー部員の皆さんに対しては、大学生としてどうあってほしい、どのような大学生活を送ってほしいと思っていますか。

鈴木　当たり前のことですが、やはりスポーツと学業の両立をしっかり目指してやってほしいと思います。それと、大学は、人としての成長の場、経験の場でもあるので、本当に大学生活を楽しんで送ってもらいたいですね。たくさん友達ができて、たくさんの人脈が生まれれば、将来にもつながっていきます。学業との両立プラス、4年間、目一杯楽しんで、大学生活を満喫してほしいなということを、欲張りですけど思っています。

東洋大学アイススケート部ホッケー部門監督　鈴木　貴人

読者へのメッセージ

勉強とスポーツの両立が競技での活躍にもつながる

――これから大学アイスホッケー界を目指す中高生に向けて、メッセージをお願いします。

鈴木　やはり、勉強とスポーツの両立はすごく重要な部分だと考えています。競技で成長していくためには、ただ、アイスホッケーだけやっていても、人としての成長がなければ、どこかで必ず壁にぶつかります。勉強の成績を上げるのも大切なことですが、自分がどうなっていきたいのかを考えて、その中に勉強を位置づけられるようになると、その後の競技での活躍につながっていくと思います。勉強が好きな人ばかりではないかもしれませんが、その両立がすべてにつながっていくのではないでしょうか。

（2021年10月4日、オンラインにて）

COMMENTARY
解　　説

コーチングとコーチ

金子 元彦

1 はじめに

皆さんは、どこかで「コーチング」という言葉を耳にしたことがあろうかと思います。「コーチング」と聞いて、どんなことを思い浮かべるでしょうか？ スポーツ活動の場面における指導を思い浮かべる人もいるでしょうし、ビジネス上のさまざまな議論や助言の場面を思い浮かべる人もいるかもしれません。関連して、「コーチ」と聞いて、どんな人物像を思い浮かべるでしょう？

この章では「コーチング」や「コーチ」について考えます。

2 コーチングとは

皆さんの中にはビジネス・コーチングという言葉を聞いたことのある人や、ビジネス・コーチングというタイトルのついた書籍を見たことのある人もいることでしょう。ここではスポーツ活動におけるコーチングについて考えていくことになりますが、この場合、スポーツ・コーチングとは言わないことに注意が必要です。つまり、単にコーチングといえば、それはスポーツ場面におけるコーチングを指すという意味です。理由は、コーチングというのが元々スポーツにおける指導や支援から生まれた言葉だとする考え方があることに拠ります。本章ではこの理解に基づいて論を進めていくことにします。

さて、コーチングとは何かということを改めて考えていきましょう。

日本においてコーチングが何を指すのかということについて整理されてきたのは、ここ10年余のことです。それ以前は競技スポーツにおける指導行為に限定してコーチングと言い当てており、その対象は非常に狭いものでした。今日でも競技スポーツに限定したイメージの中でコーチングという言葉を思い浮かべる人が少なくないことも事実です。

今日におけるスポーツ活動のあり方は、実に多様です。勝利を追求して取り組む人、生活の楽しみとして取り組む人、健康のために取り組む人、仲間との交流のために取り組む人等さまざまです。競技スポーツだけを思い浮かべれば、それは必然的に比較的若年層が活動している様子と結びつきますが、今やスポーツに親しむ人は老若男女多種多様です。つまり、スポーツをしている人も多様である上、その取り組み方も多様なのです。こうしたこともあって、今日におけるコーチングの概念は、競技スポーツにおける競技力向上や勝利の追求に関係する指導行為に限定するのでなく、老若男女あらゆる人のあらゆるスポーツ活動を対象とした支援行為を広く指すようになりました。

プレーヤーやチームが目指している目標達成に向けて、できないことができるようになることを支援したり、できることをより高いレベルでできるように支援することを、コーチングといいます。ただし、プレーヤーができないことをできるようになることや、より高いレベルでできるようになるというのは、単にスポーツができるようになることだけを指すものではありません。スポーツは社会における生身の人間による営みです。プレーヤーもスポーツ選手である前に、社会に生きる個人です。プレーヤーやコーチ、および関係者が一生懸命にスポーツに取り組んだ結果、競技力も向上し大会での勝利を手にすることもできるでしょう。しかし、同時に互いの人間関係がぎくしゃくしたものになったり、誰からも敬意を払われないような横柄な人間になってしまっては本末転倒です。したがって、コーチングはプレーヤーはもちろん、コーチ自身の人間性を高めることや適切な人格形成を図ることに貢献する活動であることが大切です。ただし、人間性の向上を目指すことが、競技スポーツにおける競技力向上に向けた取り組みを否定したり、競技スポーツをコーチングの対象外とすることを意味しません。

3 支援し協働する存在としてのコーチ

次にコーチングを実践するコーチとはどのような存在なのでしょうか。ここでは、コーチについて考えてみたいと思います。

ここでは前節で述べた、現代的なコーチングの概念に照らし合わせながらコーチについて考えてみます。すると、コーチとは、あるプレーヤーやチームが目指している目標の達成に向けて、そのプレーヤーやチームができないことをできるように支援したり、できることをより高いレベルでできるように支援する人といえそうです。

ここまでコーチングやコーチについて考えてきましたが、その中で再三「支援」という言葉を用いてきました。コーチはスポーツを「教える人」とイメージする人も多いかもしれません。もちろん、状況によってはコーチがプレーヤーに「教える」という場面も必要になります。著名なコーチのインタビュー記事などでは、時に「教え込む」という表現に出会うこともあることでしょう。しかし、より有意義なコーチングを実現しようとするならば、コーチはプレーヤーに対して、時に「教える」ことをしながらも「支援する」という考え方を軸に据えて行動していくのが適切だと考えられます。それはなぜでしょうか？　次のように考えてみましょう。

スポーツ活動においてできないことができるようになることや、より高いレベルでできるようになることを目指す主体（＝主人公）は、誰でしょう？　プレーヤーでしょうか、コーチでしょうか、あるいはそれ以外の人でしょうか。できないことができるようになる、あるいはできないことができるようになりたいと願う主体は、プレーヤーです。そして、できないプレーをできるようにすることも、人間性を向上させることも、直接的にはプレーヤーが自ら行う以外にありません。最終的にプレーヤーの意識を変え行動を変えていけるのは、プレーヤー自身です。ですから、コーチはプレーヤーの周辺にある環境の一部として間接的に影響を与えている、あるいは支援しているということになります。

プレーヤーがプレーヤー自身の主体性や自主性に基づいて意識や行動を変えていけるきっかけを与える存在のひとつが、コーチです。言い換えれば、プレーヤーが自ら学ぼうとする態度を促す存在がコーチです。このように考えていくと、コーチがプレーヤーを「支援する」という考え方を基本に据えることの適切性や重要性が理解できるのではないでしょうか。ただし、たとえ支援することを軸に据えて行動しているコーチであっても、時にプレーヤーに対して教えたり、教え込んだりもしていますす。つまり、コーチは支援することと教えることを往還しながら、日々のコーチングを展開しているのです。ここで改めてスポーツ活動の主体がプレーヤーであることに立ち戻ってみると、プレーヤーには自ら学ぶ、自ら取り組むという主体性や自主性が求められることが理解できます。プレーヤーの主体性こそがコーチの支援をより有用なものへと発展させる源です。すなわち、コーチングがコーチとプレーヤーによる協働作業であることも書き添えておきたいと思います。

4 プレーヤーズセンタード

コーチングにおける「支援」を象徴する言葉として、「プレーヤーズセンタード」があります。プレーヤーズセンタードとは、スポーツ活動をプレーヤー中心に考えつつも、プレーヤーを取り巻く関係者みなが、プレーヤーの成長とともに一緒に幸福感を覚えることのできる状態を目指そうとする考え方です。したがって、プレーヤーズセンタードに基づくコーチングというのは、プレーヤーの立場や意向だけを過度に優先するという考え方ではありません。プレーヤーのためなら、時にコーチや関係者の犠牲を伴うこともやむを得ないというような考え方ではないのです。そして、プレーヤーを中心としつつも関係者みなが味わいたいと願う幸福感というのは、単に競技生活やスポーツ活動の中で味わえるようなものだけに留まらず、それぞれの人生全体の彩りや豊かさに通ずるような広大なものを指します。ですから、コーチはプレーヤーの競技成績を向上させたり、健康に関わる指標を向上させたりする比較的短期の目的を達成するだけではなく、もっと広くもっと長い「人生」というスパンを考えた中で、いま・ここでのコーチングを展開していくことが重要になります。

プレーヤーズセンタードと似た言葉として、例えばプレーヤーズファーストやアスリートファーストを聞いたことがある人もいるでしょう。これらの言葉には「ファースト」という表現が含まれるとおり、優先順位を示すニュアンスがやや含まれているものと解釈できます。つまり、プレーヤー（あるいは、アスリート）が最優先であり、コーチを含めたほかの関係者はその次であるというニュアンスです。プレーヤーの目的を達成するためには、時にコーチらの犠牲もやむを得ないとする解釈も可能になることから、プレーヤーズセンタードとは区別したいところです。

5 コーチングにおける哲学や理念

競技スポーツにおけるコーチングに関わる中では、ややもすれば目先の競技力向上や大会での好成績を近視眼的に追い求めてしまうプレーヤーに出会います。競技スポーツは肉体的な強靭さを必要とすることが多いことから、プレーヤーは人間的に未成熟な若い世代であることが多いです。若いプレーヤーの人間的な成熟度合いを勘案すれば、物事をつい近視眼的に考えてしまうのも無理はありません。近い将来に出場する大会で「とにかく勝ちたい」と考えているプレーヤーを目の前にしたコーチは、プレーヤーのその思いを実現すべく支援していくことも大切です。その積み重ねがプレーヤーとコーチ、さらには多くの関係者による信頼関係の構築につながってもいくことでしょう。一方で、コーチはプレーヤーと一緒に近視眼的な成果を追い求めてしまうだけではなく、プレーヤーや関係者みなの人生における幸福を願い、それを思い描くような広がりと奥行きのある立体的な視野と思考を持ち続けることが必要です。「大会での短期的な成果」と「人生という長期的な視点における幸福」という、一見すると矛盾するようにもみえますが、しかし人間の成長や成熟を鑑みれば一連のものにもみえるこれらの課題に挟まれたとき、コーチたちはどのように考え、どのように行動していくのがよいのでしょう。この例に限らず、コーチングを通じて直面する葛藤や困難に対してコーチはどのように考え、判断し、行動していくのが望ましいのでしょう。

こうした時こそ、各コーチのコーチングにおける哲学、信念、あるいは考え方が問われることになるのでしょう。コーチ自らのコーチング哲学やチームの掲げる理念や目標を拠りどころとしながら賢明に最善手を模索し、来る日も来る日もコーチングの現場に足を運んでいるものと考えられます。コーチングにおける哲学は、コーチ自身の生い立ちや経験から学んだこと、そのチームが伝統的に掲げている理念や目標、さらには大学や企業本体の創設や建学の精神などさまざまな要因が複合的に絡み合いながら構築されていくものと考えられます。

スポーツにおける短中期的な競技力向上や大会における好成績を目指すことは大切です。そのことを誰も否定することはできないでしょう。一方で、「人生」という広がりと奥行きのある長い道のりを見据えることは、もっと大切です。短中期的な課題と人生という長期的な視点とを有機的に連関させていくにあたっては、関係者みなの拠りどころとなる哲学や理念を持ち合わせ、それをチーム関係者の間で共有することが大切になります。

6 より豊かなコーチングの実現に向けて

より豊かな、あるいはより良いコーチングを実現しようとしたとき、コーチにはどのようなことが求められるでしょう。ここではコーチの学びについて考えてみたいと思います。

コーチの中には現役プレーヤー時代に顕著な競技成績を残した人もいます。その人は現役プレーヤー時代の経験だけに頼ってコーチングしていくことができるでしょうか。コーチの中には過去に優れたプレーヤーを育てたと言われる人がいます。その人は過去に成功したコーチングを変えないまま、いまもコーチを務めることができるでしょうか。また、過去に大人気になったスポーツクラブのインストラクターや予備校の先生は、かつてのやり方のままに、その魅力や人気を維持することができるでしょうか。過去の経験がその人の考え方や行動に与える影響は小さくありませんが、たとえ成功体験だったとしても、過去から何も変わらずに今日を生きていくことは困難です。過去のやり方のままに、いま・ここで、適切なコーチングを展開することは困難です。つまり、コーチも常に学び続けることが必要なのです。そして、あらゆる分野からコーチングに通ずる何かを学ぶこともできるのだと思います。

ここでは、コーチに求められる知識やスキルとして挙げられることの多い3点について触れます。

専門的には「専門的知識」、「対他者の知識」、および「対自己の知識」と呼ばれるものについてです。

①専門的知識とスキル

専門的知識とは、スポーツ全般にわたる共通的な知識、各スポーツ競技種目に関する知識やそれに関連するスポーツ科学の知識、およびスポーツ科学などから導かれる指導法などを指します。スポーツもほかの領域と同じく、科学の進歩とともに新しいことがわかってきます。従来やったほうがよいといわれていたことが、やらないほうがよいことややってはいけないことへと変わることもあります。各スポーツ競技種目に関してはルールが変更されたり用具が変わったりします。それに伴って求められる技術や戦術も変わります。先にも触れたとおり、過去の経験がその人に与える影響はそれなりに大きなものがあります。成功体験であればあるほど、それを大切にしたいと思うのが人でしょう。そのこと自体を否定することはできませんが、スポーツそのものが次々に変化していく現実を捉えれば、その変化に対応するためにもコーチがスポーツに関わる専門的知識を学び続けることが重要である点について異論の余地はないでしょう。

②対他者の知識とスキル

対他者の知識とは、人間関係を円滑にしていくために必要とされる知識のことを指します。コーチングは社会における人間の営みのひとつです。そして、コーチングはプレーヤーを中心に据えつつ、コーチ、および関係者とともに構築していく過程です。指導の対象が子どもであれば、そこには保護者らとの関わりも生まれるでしょう。対象が大学生であれば、高校の監督やチームOBなどとも関わることになるでしょう。対象が障がい者であれば、医療関係者との連携も必要になります。このようにコーチングはさまざまな人間関係の中で展開されます。したがって、コーチが対他者の知識とスキルを学ぶことは大切です。

対他者の知識やスキルにはさまざまなものが含まれます。代表的なものとしては、コミュニケーション、リーダーシップやファシリテーション（促す、助長するような働きかけ）などに関する知識やスキルがあります。近年は、いわゆるプレゼンテーションやそれに伴うスキルの必要性が強調されることも多いため、コミュニケーションというと、即座に「いかに伝えるか」を考える人も多いように見受けられます。コミュニケーションは必ず受け手がいますので、いかに適切に伝えるかに関心を寄せることは大切です。一方、コミュニケーションは、伝える側と受け取る側との相互作用として成立しますので、例えばいつもコーチが伝える側で、選手が受け取る側というような一方通行の関係に固定してしまうことは好ましくありません。あるときはコーチが伝える側であるけれども、あるときにはコーチが受け取る側になるという流動的な関係性が望まれます。こうした流動的な関係性から生まれるコミュニケーションを通じて、プレーヤーの主体性を引き出したいのです。したがって、コーチには伝えることだけでなく、「いかに聞くか」という態度を養うことも大切になります。

ここでは聞くことについて掘り下げます。プレゼンテーションをはじめとして何かを発言するという場面に緊張を覚える人もいるでしょう。一方、聞くということに関しては、発言するときのような緊張感を覚えた経験のある人は少ないかもしれません。しかし改めて考えてみますと、聞くという行為は伝える側の話を聞くわけですから、伝える側がどんなタイミングで、どんな内容を、どんなテンポ（早口かどうかなど）で発するのかがまったくわかりません。時にはながい長い沈黙を伴いながら、相手が言葉を紡ぎ出すのを待つことになります。もっと言えば、待たなければなりません。長く待ったかと思ったら、一気にまくし立てるように話し出すかもしれません。それもしっかりと聞き取らなくてはなりません。こうした予期しない展開に応じていくのが、聞くという行為の一面です。根気と集中力のいる営みですが、相手の主体性に基づいて紡ぎ出される言葉を待ち、それを聞き、さらに必要に応じて言葉を返していくことができると、人間関係が円滑で穏やかなものになっていく可能性は高まるでしょう。コーチングに留まらない知識とスキルであるといえるでしょう。

③対自己の知識とスキル

対自己の知識とは、コーチがコーチングに関わる知識やスキルを自ら向上させていくために必要となる知識を指します。コーチの学び方に関する知識やスキルと言い換えても良いでしょう。

コーチングについては、例えば大学や大学院で専門的に学ぶことができます。各スポーツ種目に関わるコーチ資格を得ようと講習会を受講して学ぶこともできます。このような公式な学びの場を活用するというのは、いうまでもなく有用です。一方、コーチングというのは、日常生活の一部のように日々積み重ねられる営みでもあるので、日々の活動を丁寧に振り返るということが何よりも大切になります。省察、あるいはリフレクションという言葉を聞いたことのある人も多いと思いますが、省察とは自分が行った活動を振り返り、どう改善したら良いかを考え、次の行動に活かしていくという一連の行為を指します。コーチングについて日々の活動を省察することから学び、知識やスキルを深めていくのです。

コーチングにおける対自己の知識やスキルとして重要なもののひとつとして、省察力を挙げることができるでしょう。とはいえ、日々自分ひとりで省察を重ねるだけでは省察の仕方が適切であるのか、あるいは改善の方向性が適切であるのかに不安を感じることも増えていくでしょう。こうした局面でコーチの学びを支えるのが、先輩コーチや同僚コーチ、あるいはほかのチームやほかのスポーツ競技種目のコーチたちとの交流や対話です。互いの悩みを打ち明け合ったり、互いの異なる経験を紹介し合ったり、助言し合ったりするのです。このような、いわば非公式の場での対話、もっといえばたわいない雑談の中でもコーチの学びが深まっていきます。これらの学びがコーチ自身の考え方に変化を与えたり、考える方法にバリエーションを与えたりしていくのです。

7 各指導者のインタビューから

本書には、大学スポーツチームをコーチングする8名のコーチのインタビューの模様が掲載されています。8名のコーチが担当するスポーツ競技種目は異なります。また、それぞれが経てきた道のりも多様です。インタビューにおける頻出語*などを手掛かりにしてインタビューの内容について解説を加えます。

発言のあった頻度の高い語として、「今」「考える・考え方」「生活」「時代」「社会」「レベル」や「経験」などを挙げることができます。これらの語が使われていた文脈を概観しながら、発言の背後

＊ KHcoder を用いて簡易的にテキストマイニングを行い、それを参考にした。

にあるコーチたちの考え方に迫っていきたいと思います。

「今」については、コーチの置かれている「今」を表現した場面が多かった印象です。コーチ自身の学生時代と今の学生とを比較したり、過去のコーチ経験と今のコーチング哲学などを比較しながら語られている箇所が多かったです。コーチ自身の学生時代と今の学生の置かれている状況の違いを受け入れ、それに対応しようとしている姿を垣間見ることができたように感じます。また、過去のコーチ経験の中にある学生像と今の学生像との違いに対して想像力を働かせ、その違いを推察してもいます。その推察の中から見つけられた今の学生の良いところを引き出そうとしている姿勢もうかがえました。過去と今（現在）を比較しながらも、決して「過去を良いもの」「今が劣っているもの」とみなすようなことをせずに、「今」という時代の特質や「今」に生きる学生の持ち味を探しているようです。そして、「今」という時代の特質に対応するためにコーチ自らも学び続けており、その学びを通じてコーチ自らの姿勢や学生への接し方を変えていくことを厭わない柔軟で向上心溢れる姿を感じました。

「考える・考え方」については、「主体的に」「選手自身」などの語と結びついて語られていました。学生が自ら主体的に考えたり逡巡したりすることを大切しているコーチの姿が浮かびます。詳細にたずねていくと、競技力の向上には学生自らの考える力が不可欠であるという見解を聞くこともできましたし、企業人・職業人として社会に巣立っていくうえで、考える力が不可欠であるという中長期的な視点からの指摘もありました。また、考えるという行為以前に、「どのように考えることができるか」という考え方そのものを学ばせることの重要性を示唆したコーチもいました。コーチたちが頻回に発した「考える」や「考え方」という語に含意されたことは実に多様で奥深いものでした。一方、「考える」という語については、コーチ自らを主語にした語りも一定数確認できました。インタビューに応じながら、コーチたちが自らのコーチングを省察していたものと推察されます。こうした姿からは省察することや俯瞰するという行為が、コーチたちにとっていかに日常的な当たり前の営みであるかを改めて知る機会となりました。そして、省察した結果を明快に語るコーチたちの姿に触れると、思考を言語化できることがコーチが備えるべき力量のひとつとして位置づいていることがよく理解できました。また一部のコーチは「一緒に」「共に」などの語と「考える」を一体なものとして使っており、考えることがプレーヤーとコーチの協働作業として意識されていることがうかがえました。

「生活」については、「大学」「学生」「寮」や「リズム」などと結びついて語られていました。今回のインタビュー対象者であったコーチは、全員が学生時代に運動部に所属していた人たちです。こうした背景もあり、コーチたちは自身の学生時代を振り返りながら、練習や寮生活での苦しい経験について、時に重要な学びの場であったこととして、時に思い出話として語っていました。コーチたちにとっても学生時代の経験が、自身の有形無形の財産として深く刻まれていることがわかります。こうしたコーチ自身の学生時代の学びも踏まえて、コーチたちは大学が単にスポーツや学業に取り組む場に留まらない多様な経験を積む場であるべきと位置づけています。そのことが、例えばできるだけ日曜日を休みにするような練習時間の工夫にもうかがうことができました。そこには、大学卒業後や引退後の学生たちの長い人生がより良いものであって欲しいと願うコーチの姿がみえるような気がします。

今回のインタビューにおいて、発せられた頻度は少なかったものの興味深かった語として「目標」が挙げられます。日本の大学運動部の場合、専任、あるいは常駐するコーチを持たない（持つことのできない）チームも少なくありません。これら学生主体の運動部の場合、具体的な「目標」を掲げることが重要であるといわれることが比較的多いです。そこでは、掲げた「目標」でチームを束ねようと、いわば求心力として目標を活用しようする意図を感じることも少なくありません。一方、今回のインタビューにおいて「目標」は決して頻回に発せられた語ではありませんでした。今回のコーチたちが関わるチームが一定の歴史を有し組織化が進んでいることや、一定以上の競技力を有する学生で構成されていることなどから、比較的短期の「目標」よりも、もっと上位に位置する哲学、理念等とコーチングとの関係性についての話題が中心にインタビューが進行したことも影響したと推察されます。一方で、「目標」については、「チーム」と「個（あるいは、個人）」がセットで語られた場面が多かったのが特徴です。チームとしての目標を掲げる時には、同時に個（あるいは、個人）の目標を設定することの重要性が示唆されていました。ここには、コーチが年齢や学年および競技レベルの異なる多様な個人を大らかに受け入れ、尊重し、チームに所属する学生全員がこぼれることなく充実した活動になるよう細やかに支援しようとしていることがうかがえました。

最後に「勝つ」「負ける」や「結果」という語について触れておきます。この2語についてはまったく語られなかったわけではありませんが、発言の頻度は少なかったです。今回のコーチたちはみな、競技スポーツの指導者です。「勝つ」「負ける」あるいは「結果」ということに対して無関心であるはずはありません。ひょっとすると、勝敗や、いわゆる結果を考えることはごく当たり前のことで、わざわざ語るようなものではないということの表れかもしれません。もう少し詳細な検討が必要になりそうです。しかし、勝敗や結果に対する語りの少なさは、コーチたちが学生をはじめとする関係者の人生における幸福を願い、それを思い描くような広がりと奥行きのある立体的な視野と思考のもとに真摯に取り組んでいることにほかならない、勝敗を超越した価値を探求していることにほかならない、そのように思えるのです。

8 まとめに代えて（補足）

本論の中でコーチングがコーチとプレーヤーによる協働作業であることを述べました。また、コーチはプレーヤーズセンタードの考え方に基づきながらも、プレーヤーを支援することと教えることを往還していることに言及しました。ここでは、これらに加えてコーチングを実践するうえで大切と考えられることについて補足します。

① 多様性に対していかに寛容であるか

コーチは多様性に対して寛容であろうとする態度が大切であると考えられます。日本のスポーツ環境を考えたとき、ごく限られた一部のチームを除くと、ほとんどの環境において競技志向の強い人、楽しみでスポーツに親しみたい人、何となくやっている人などが混在します。それでも、学校単位での活動であれば年代は比較的均一になりますが、地域のクラブ活動になれば老若男女もさまざまになります。スポーツをする目的もモチベーションもさまざまな人たちが混在するのが日本のスポーツ環境の実情ですから、そこでプレーヤーズセンタードのコーチングを実践しようとすれば、異なる背景を持つプレーヤーを柔らかに受け入れ、尊重し、それぞれの活動の目的を達成できるように支援していくことが大切になります。

②他者を理解することと理解しようとすること

コーチングはさまざまな人との関わり合いの中で営まれます。このため、対他者の知識やスキルを学ぶことが重要であることを述べました。対他者の知識やスキルを獲得できたとしても、それを活用するときには、その前提として他者を理解しようとする態度が不可欠であることはいうまでもありません。

ここでは他者を理解するということについて、もう少し考えてみたいと思います。本当の意味で他者を理解するとはどういう状態をいうのでしょう？　人は外から見えるところよりも、見えないところのほうが多いです。他者を理解するときに大切なことのひとつには、その人が「何を考えているのか」、その人は「何を感じているのか」という気持ちや感覚に接近するということがあるでしょう。他者の気持ちや感覚も、外から見ることができません。外から見ることのできないものですから、他者の気持ちや感覚そのものの実態をつかむことはできないことになります。したがって、他者を理解するというときには、何らかの想像や推察を挟まざるを得ません。他者を理解するというのは、実はかなり難しいことです。プレーヤーズセンタードなコーチングを実践してプレーヤーを適切に支援しているコーチは、高度な水準でプレーヤーの気持ちや感覚に迫っているのだろうと思われます。コーチたちはプレーヤーの表情、声色、しぐさ、練習中の身体の動き、各種の計測データ等々のさまざまな情報を総合的に読み解くことに加えて、自らの想像力を最大限に働かせてプレーヤーを理解しようと取り組んでいるものと考えられます。その想像力を養う重要な取り組みが、日々のコーチングにおけるプレーヤーの観察と、丁寧な省察であるように思えるのです。

参考文献

朝岡正雄（日本コーチング学会編集）「コーチング学とは何か」『コーチング学への招待』大修館書店、２０１７。

Côté and Gilbert. An Integrative Definition of Coaching Effectiveness and Expertise, Journal of Sports Science & Coaching 4(3), 2009.

伊藤雅充、菊幸一、菅原哲朗、大橋卓生、多賀啓「コーチングを理解しよう」『Reference Book』公益財団法人日本スポーツ協会、２０１９。

金子元彦「コーチングにおけるコミュニケーションを考える——大学生や障がい者への指導から得た試論——」『ライフデザイン学研究』15、東洋大学ライフデザイン学部、２０２０。

公益財団法人日本スポーツ協会『公認スポーツ指導者養成講習会共通科目Ⅲ集合講習会　Work Book』、２０１９。

森丘保典、伊藤雅充、岡達生（日本コーチング学会編集）「コーチングとは何か」『コーチング学への招待』大修館書店、２０１７。

Nelson, Cushion and Potrac. Formal, Nonformal and Informal Coach Learning: A Holistic Conceptualisation, International Journal of Sports Science & Coaching1(3), 2006.

日本スポーツ運動学会『コツとカンの運動学　わざを身につける実践』大修館書店、２０２０。

鷲田清一『語り切れないこと　危機と傷みの哲学』角川oneテーマ21、２０１２。

山極寿一、鎌田浩毅「人類の進化と社会性の起源」『ゴリラと学ぶ　家族の起源と人類の未来』ミネルヴァ書房、２０１８。

山極寿一、鎌田浩毅「われわれはどこへ行くのか」『ゴリラと学ぶ　家族の起源と人類の未来』ミネルヴァ書房、２０１８。

大学生アスリートとデュアルキャリア

谷釜 尋徳

❶「自分ースポーツ＝？」

「私からスポーツを取ったら何も残らない……」

この言葉を聞いて、どのように思いますか？「スポーツ」という言葉を競技名に置き換えれば、大学生アスリートの中にも、そのように考えている人が少なくないはずです。しかし、競技スポーツに真剣に打ち込める輝かしい時間は、いつまでも続きません。どのようなトップアスリートにも、いつかはスポーツをすることが中心ではない生活が訪れます。

自分からスポーツを差し引いても、自分が自分であることに変わりはありませんし、「スポーツ」を止めることはあっても、命ある限り、「自分」を止めることはできません。だからこそ、大学生アスリートには、在学中から「自分ースポーツ＝？」ということを考えてほしいのです。

大学生アスリートにとって、「自分とは何か？」を問い続けることは非常に重要な意味を持ちます。その答えは、最終的には自分自身が導き出さなければなりませんが、高校まで脇目もふらずにスポーツ一辺倒で生きてきたような学生の場合、「自分とは何か？」を考える習慣すらなく、何となしに大学生活を送ることになるかもしれません。スポーツに打ち込む大学生が、誰の手も借りずに自分と向き合い、将来像を描き出すのは至難の業ではないでしょうか。

周囲の人たちから「将来のことを考えないと……」「いつまでもスポーツはできないんだから……」などとアドバイスされる場面はあるでしょう。しかし、本人の努力に任せるだけでは事は動きません。スポーツに打ち込む大学生アスリートが自らのキャリアと向き合う環境整備は、大学側に課せられた大切な役割でもあるのです。

この章では、大学生アスリートが「自分－スポーツ＝？」という問いに向っていくにあたって、どのような支援や環境整備が必要なのか、「デュアルキャリア」というキーワードを中心に考えていきましょう。

2 デュアルキャリアという考え方

デュアルキャリアとは、「人としての人生」と「競技者としての人生」を同時に送り、人生設計をしながら将来に備える考え方のことです。

これまで、日本でアスリートキャリアを表現する際には「セカンドキャリア」という言葉が広く用いられてきました。しかし、競技者としての人生を終えてから「第二の人生」を模索するセカンドキャリアの考え方は、「引退」から「始動」までに一定のタイムラグを必要とします。引退後に自分自身と向き合って「何がしたいのか？」「何ができるのか？」を模索し、そのためのキャリアを新たに積んでいく時間は決して無駄ではありませんが、その間に、本来得られる可能性があったチャンスを逃してしまうことも十分にあり得ます。そうなると、アスリートは近い将来に訪れる引退後の生活に不安を抱えながら競技をせざるを得ません。

企業に正社員として雇用されている実業団の選手でも、引退後の不安が解消されているとは限りません。その企業の業態や理念に賛同して入社したならともかく、スポーツを大きなモチベーションとして入社した場合、競技引退後に社業に専念することが果たして自分に適合しているのか、現役期間中に判断することは難しいからです。

引退後に待ち受ける将来への不安を和らげ、安心して競技に打ち込める環境を作るためには、現役期間中に引退後の準備を同時並行で行うことがひとつの解決策となります。「デュアルキャリア」とは、引退後の人生への移行をスムーズにする可能性を持っているのです。

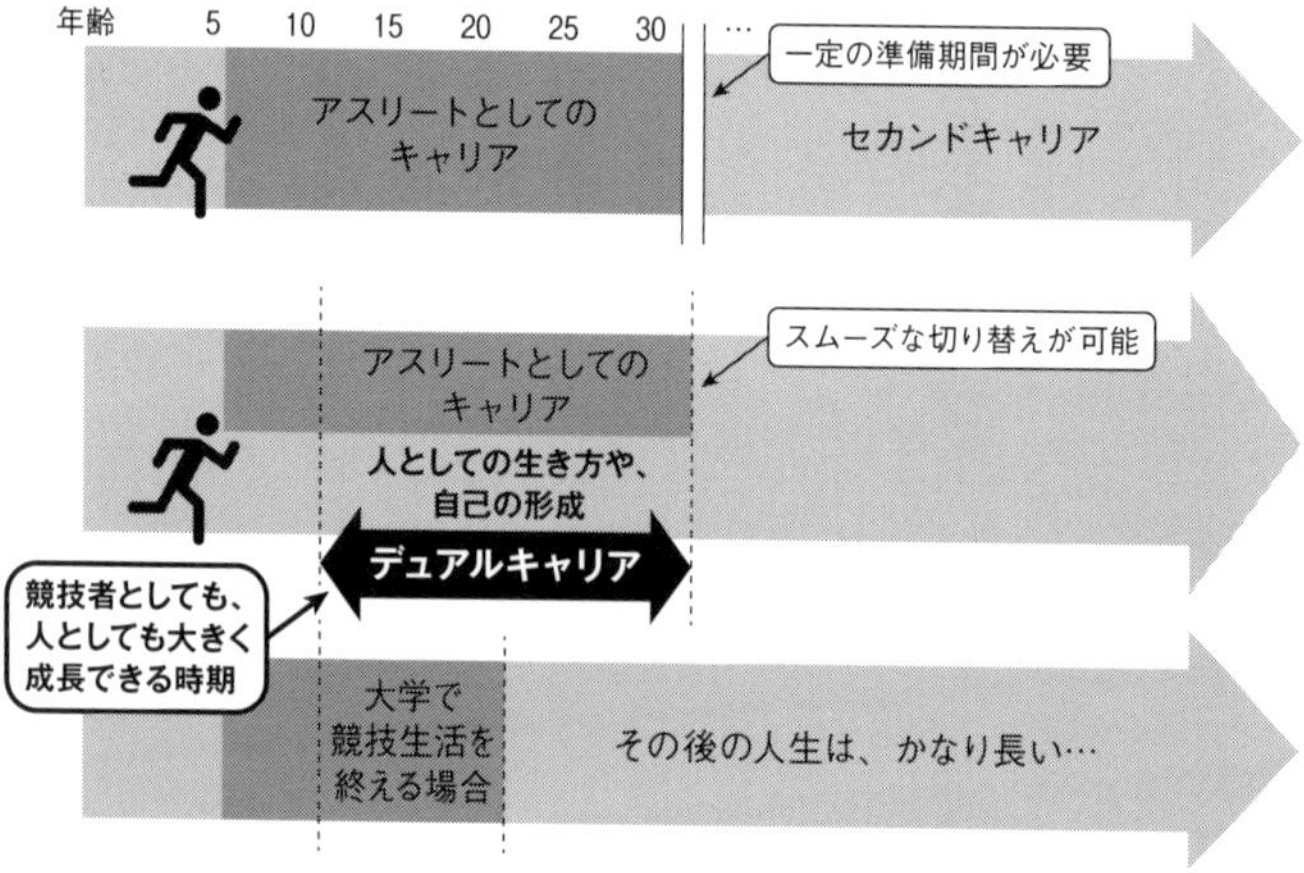

図1　セカンドキャリアとデュアルキャリアの比較

図1は、セカンドキャリアとデュアルキャリアの概念を対比的に表現したものです。セカンドキャリアが競技とその後の人生が分断された単一路線であるのに対して、デュアルキャリアはこれを複線化することで、競技生活と同時に自己形成を含む将来設計を行うことができます。

スポーツに打ち込む大学生は、一部のトップ層を除いて、大半が大学卒業と同時に本格的な競技生活から離れます。当然、30歳前後まで競技生活を継続させるアスリートと比べて、競技引退後（卒業後）の人生は長くなります。スポーツに熱中する学生時代が価値ある時間であることに変わりはありませんが、自分の競技生活が長い人生のほんの一部であることは、すべての大学生アスリートが改めて認識しておかなければなりません。

Wyllemanらによると、大学生の年代はアスリートが競技面で成長していく期間であると同時に、人間としての精神性・社会性の成熟や、学力向上の面でも重要な時期にあたります。大学時代は、その後の人生に大きな影響を与えます。長い人生全体で捉えると、大学生アスリートは競技以外の側面をないがしろにはできないのです。

3 なぜ、大学生にデュアルキャリア支援が必要なのか？
——大学生の声

大学卒業後に第一線で競技を継続する選手はごくわずかですが、たとえトップレベルの選手でも、大学までスポーツを頑張ってきたからといって、卒業後も競技を継続しなければならないわけではありません。スポーツとまったく無縁の進路を選択するケースがあっても良いのです。かといって、急に方向転換しようとしても、そう簡単にはいきません。柔軟な進路選択を可能にするためにも、デュアルキャリアの考え方は効果的なのです。

しかしながら、こうした考え方を実現させるには、大学生アスリートがデュアルキャリアという発想そのものを知らなければ何もはじまりません。ここで、筆者が担当する大学の講義での事例を紹介しましょう。講義中、「デュアルキャリアという言葉を知っていますか?」というアンケートを取ったところ、当日の出席者１０９名中、「知っている」と回答した学生は誰一人としていませんでした。ひとつの参考事例に過ぎませんが、日本の多くの大学生アスリートは、いまだにデュアルキャリアの考え方を知らない

私は今、運動部に所属しています。就活支援の方から、どんな業種に就きたい？ 興味がある？ と聞かれて何も答えられませんでした。大学生活のほとんどが部活だったので、今後のキャリアについても考えなければと思いました。
（3年・女子・運動部員）

今後、デュアルキャリアの考え方が一般層に定着していく頃、自分は親になっていると思うので、もし実現していれば自分の子どもをスポーツに没頭させられると思った。逆に、この考え方が一般的にならないとスポーツ人口は減ってしまうのではないか？
（3年・男子・一般学生）

アスリートでいられる時期は、人生の一部であり、アスリートでなくなった後の人生の方が長いと思うので、アスリートのうちから周囲の支援を受けられる体制は、若い人たちの将来への不安をなくすことにも繋がるのではないかと思いました。
（3年・女子・一般学生）

スポーツに学生生活をかけてきたのでデュアルキャリアという言葉を初めて聞きましたが、もう少し早く知っておきたかった。早いうちに選択肢を作っておいた方が、これからの人生を生きていきやすいし、スポーツにだけ打ち込むのもかっこいいが、道は１つじゃない方がいいと思う。（3年・男子・運動部員）

図２　デュアルキャリアに対する大学生の声

※筆者が担当する東洋大学の講義「スポーツルール論」（2019年12月18日開講）にて実施した。当日の出席者は、法学部企業法学科に在籍する３～４年生109名（うち運動部員は33名）だった。

まま、学生生活・競技生活を送っている可能性があることは否定できません。

このアンケートは、筆者がデュアルキャリアをテーマに講義をした際に実施しましたが、当日の出席者から回収したリアクションペーパーに寄せられたコメントをいくつか抜粋します（図2）。受講者のコメントにも表れているように、大学生にとってデュアルキャリアとは、従来のアスリートキャリアのイメージを覆すような説得力を含んでいるのかもしれません。

もし、セカンドキャリアの発想のままでいた場合、極端なことを言えば、大学生活の最後の大会が終わってから自身の将来を模索することにもなりかねません。実際には、3年生の秋頃から就職活動が脳裏をかすめ、関連のイベントに参加しはじめるケースは多いものです。しかし、デュアルキャリアが「人としての人生」と「競技者としての人生」を同時に送り、人生設計をしながら将来に備えるものなら、就職活動だけではなく、そこに至るまでの自己形成や将来設計も頭に入れておく必要があります。

日本では、その道を究めるためには、脇目もふらずにひとつの事柄に専念することが美徳だと考えられてきた節があり、それは大学スポーツの世界も例外ではありません。しかし、こうしたセカンドキャリアに類する思考では、自分の将来像をイメージする余裕もないまま就職活動に突入していくことになります。やはり、セカンドキャリアでは遅いのです。

そもそも、大学生に限らず、スポーツに熱心に取り組む人が、予期せぬところで競技人生を脅かすような怪我を負うことは少なくありません。仮に大学生活を無傷で乗り切ってプロスポーツ選手になったとしても、怪我はもちろん、伸び悩みやチーム事情などが複雑に絡み、自身が思うように競技人生を全うできる保証はどこにもないのです。

だからこそ、大学生に与えられた4年間のうち、下級生のうちからデュアルキャリアを意識して行動することは、競技面を含む有意義な大学生活につながります。

❹ 大学生アスリートが直面する課題

ここでは、Petitpasらの研究を参考に、大学生アスリートが直面する課題について考えていきましょう。

①大学生活への順応

入学後（または入学前）に大学の合宿や練習に参加した新入生が、早々に直面する課題が「大学生活への順応」でしょう。高校と大学では、体格や技術戦術など、さまざまな面でレベルが異なる場合が多いものです。このレベル差を難なくクリアできる新入生もいますが、チームが強豪であるほど、先輩や同級生の中には高校時代に高い競技成績を収めたメンバーが多くを占めています。反対に、高校時代にトップクラスの競技成績を残した選手が、競技成績をそれほど重視しない大学運動部に入部すれば、周囲のレベルや考え方とのギャップに悩む可能性もあるでしょう。大学でスポーツに打ち込みたいと考える人にとって、新たな環境に順応することは重要な課題なのです。

学業の面でも、高校と大学では違いが見られます。日本では、高校までは自分のクラスの教室と座席が決まっていて、そこに入れ替わりで教科担当の教員が授業をしに来るスタイルが大半です。しかし、多くの大学ではクラスルームはなく、毎時間、自ら履修登録した科目に割り当てられた教室に移動して授業を受けます。また、チームメイトや知人が同じ授業を履修しているとは限らず、場合によっては昼食も含めて一人で行動することになるわけです。休日や長期休暇中を除けば、部活動の練習よりも通学を含めた正課の学校生活に費やす時間の方が長いので、そこに順応できないと競技生活にも支障を来すことは容易に想像がつきます。

②スポーツ、学業、交友関係のバランス

大学生アスリートにとって、「スポーツ、学業、交友関係のバランス」を取ることも時として困難が生じます。スポーツに特化した入試制度を活用して入学した学生なら、周囲の学力レベルが自身よりも著しく高い可能性もあります。また、大事な公式戦が大学の講義日程と重なり、自身が試合への出場を選択すれば、それと引き換えに授業を欠席しなければなりません。やがて、単位の取得が徐々に困難な状況に追い込まれると、学業からドロップアウトしてしまう学生も出てきます。スポーツと学業のバランスが取れていない状態です。

もっとも、大学生の本分は学業にあるのですから、スポーツを理由に学業を疎かにしてよいことにはなりません。競技を運営する側が学生の修学に配慮して大会日程等を調整することも必要ですが、日本代表に選抜されるレベルの学生なら、強化合宿まで含めると、大学の授業を外してスケジュールを組むことは容易ではありません。

大学生活に限ったことではありませんが、学生が直面する課題を知るうえでは交友関係も見逃せない要因です。先輩、後輩、友人、知人、交際相手など、学生を取り巻く人々との関係は、上手くいっ

ている時にはスポーツや学業にも好影響をもたらしますが、関係性が悪化すれば途端に日常生活のバランスを損なわせるほどの影響力を持ちます。

③卒業後の人生への準備

「卒業後の人生への準備」は、アスリート支援の全体に通じる課題です。大学卒業と同時に第一線での競技生活を終える学生が多いものの、現役中は具体的な将来像を描けない傾向にあるのが実情ですが、それは従来定着してきたセカンドキャリアの考え方が影響していると思われます。しかし、デュアルキャリアの発想からすれば、「卒業後の人生への準備」とは、大学に入学した時点から意識しておかなければならない大きな課題です。

以上で見てきた課題は、単独で捉えることが難しいものです。それぞれが、相互に関連し合い、複雑に絡み合って大学生活が成立していると理解すべきでしょう。

5 どんなデュアルキャリア支援が可能なのか？

大学生アスリートがデュアルキャリアを実践するには、大学をはじめ周囲のサポートが必要です。ここでは、大学生アスリートに対するデュアルキャリア支援として、どのような可能性があるのかを考えていきましょう。

①パフォーマンス向上

アスリートのキャリア支援を考える場合、競技面への対応は現場任せになりがちです。しかし、人としての人生と競技者としての人生を同時に歩むデュアルキャリアの発想では、競技に関わる支援も大切な事柄として捉えなければなりません。これを抜きにしてしまえば、セカンドキャリアの発想とそれほど変わりませんし、あえてデュアルキャリアという複線の思考にこだわらなくてもよいのです。競技とそれ以外の事柄とのバランスに配慮する意味でも、パフォーマンス向上に関する情報は踏まえておく必要があります。

②学業と競技の両立

試合の日程が授業と重なってしまうと、多くの場合は授業の方を欠席せざるを得ない現状があります。授業の担当教員の協力を得て欠席した分の補習を行うなど、学修時間を確保することが重要ですが、昨今普及しつつあるオンライン授業（オンデマンド型を含む）の有効活用は、学業と競技を両立させるための現実的な支援策のひとつでしょう。

ある大学で行われた運動部員の勉学意識に関する調査では、入学時に学部や学科の希望が叶わなかった学生の方が授業への出席率が悪くなる傾向にあり、またスポーツに特化した入試制度で入学した学生は勉強の仕方がわからずに学業面で困難を来す傾向が見られたそうです。各大学の入試制度や学力偏差値とも関わる問題ですが、大学生アスリートが学業と競技の両立を目指す上では、ここを避けて通ることはできません。場合によっては、授業内容そのものを個別にレクチャーするような支援も必要になってきます。

そのほか、競技の場ではチームメイトと行動を共にしますが、大学の授業の場では、チームメイト以外の一般学生とも交流することができます。同じ大学生が、どのように物事を捉え、将来に向けてどのようなビジョンを持っているのかを知ることは、スポーツの世界だけにとどまらない広い視野の獲得にもつながります。

③スポーツ教育

大学は、社会に出る直前の準備期間でもあります。スポーツに備わった教育的な価値を踏まえたうえで、大学生は倫理観を学び、社会性を養う必要もあるのです。スポーツによる人間教育の「車の両輪」として、インテグリティ教育とスポーツマンシップ教育を示しておきましょう。

スポーツのインテグリティとは、「スポーツがさまざまな脅威により欠けるところなく、価値ある高潔な状態」を指す言葉です。昨今でも、スポーツ・インテグリティは、八百長・違法賭博、ガバナンス欠如、暴力、ドーピングなどのさまざまな要因によって常に脅かされています。大学スポーツも例外ではなく、学生が反倫理的な行動に手を染めないように働きかけなくてはなりません。

また、スポーツに関わる者が守るべき倫理的・道徳的な規範であるスポーツマンシップ（近年はスポーツパーソンシップと表現されることもあります）も、人間教育に欠かせない要素です。近代イギリスのジェントルマンの世界観が生み出したスポーツマンシップは、長い間、スポーツの価値を倫理的・道徳的な側面から支え続けてきました。

しかしながら、スポーツに教育的な価値が備わっていたとしても、何の働きかけもなく、大学生をただスポーツに熱中させるだけでは、その価値観は手に入りません。大学生に対するスポーツ教育は、周囲の人びとが動機づけをしながら意識的に実践しなければ、思うような効力は期待できないということにも注意が必要です。

④ライフスキル・クロスオーバースキルの獲得

欧州をはじめ、デュアルキャリアの推進国では、アスリートに対するライフスキル教育の重要性が認識されています。世界保健機関（WHO）によると、ライフスキルとは「日常的に起こるさまざまな問題や要求に対して、より建設的かつ効果的に対処するためのスキル」を意味します。WHOが提示するライフスキルは、①意志スキル、②問題解決スキル、③創造的思考、④批判的思考、⑤コミュニケーションスキル、⑥対人関係スキル、⑦自己認

1 WINNERS（勝利思考）
アスリートは、勝利の達成という目標に照準を合わせて行動する。

2 GROWERS（成長思考）
アスリートは、コーチやチームメイトの意見に明確かつ素早く対応して成長しようとする。

3 ADAPTABLE（適応力）
アスリートは、自分の能力がチームに最善の形で役立てられるように適応する。

4 MOTIVATORS（やる気にさせる力）
アスリートは、課題克服のために意欲的な態度を示して、周囲をやる気にさせようとする。

5 RECOVERY（乗り越える力）
アスリートは、挫折から立ち上がり、失敗を受け入れ、経験から学ぶ。

6 DISCIPLINED（自己管理力）
アスリートは、時間管理が重要であることを理解し、スケジュールに則って自己管理する。

7 DETERMINED（決断力）
アスリートは、スポーツの競争によって培った決断力を持つ。

8 COMPOSURE（冷静さ）
アスリートは、常に重圧の中で過ごしているため、プレッシャーがある状況下でも冷静に行動する。

9 COMMUNICATORS（コミュニケーション能力）
アスリートは、チームメイトと効果的に連携できる高いコミュニケーション能力を持つ。

10 TEAM PLAYERS（協調性）
アスリートは、チームワークの価値を認識し、困難な時でも互いを最大限に高めようとする。

図３　アスリートがスポーツで獲得可能なクロスオーバースキル

出典：The top 10 crossover skills from sport to employment（UK sport HP）

知、⑧共感的理解、⑨情動に対処するスキル、⑩ストレスに対処するスキルに細分化されます。いずれも社会性を育むスキルですが、その多くがスポーツ競技を通じて獲得できると考えられてきました。

クロスオーバースキルにも触れておきましょう。イギリスでトップスポーツ政策を推進するために設立されたUKスポーツは、スポーツを通じて培われるスキルと社会で求められるスキルの共通項を「クロスオーバースキル」として示しています（図3）。

スポーツで得たスキルを社会でも役立てるには意識的な取り組みが必要ですが、大学生アスリートが熱中するスポーツ競技という営みが、社会人として活躍するための要素も兼ね備えていることは興味深い事実でしょう。

⑤就職・進学支援

大学でスポーツに打ち込む学生の多くは、在学中に卒業後の就職（あるいは進学）に向けて行動を起こす必要があります。しかし、大学生アスリートが、競技に打ち込みながら就職活動をこなすことは容易ではありません。学生本人の努力で希望の職業に辿り着けるなら問題はありませんが、一般の学生と同じだけの時間を就職活動に充てることは難しいのではないでしょうか。だからこそ、大学生アスリートの出口に対するサポートは重要な課題です。キャリア支援担当部署と連携を図り、運動部の学生に特化した就職説明会の開催や、アスリートキャリアに通じたアドバイザーのサポートが受けられる体制づくりが望まれます。

ほかにも、就業体験としてのインターンシップの提供や、大学卒業後も継続して勉学に励みたい学生の進学相談など、さまざまな支援が考えられます。特にインターンシップは、社会に触れる機会を提供する意味でも重要です。大学生アスリートの日常生活は、ともすれば閉鎖的になりがちです。所属する部活動の枠を飛び越えて「外側」に立つことは、多様な価値観に触れ、自身の社会的な適正を知るうえでも大きな意味を持ちます。

⑥スポーツの場での経験

スポーツの場では、競技に打ち込むこと以外にも、将来につながるさまざまな経験を積むことができます。例えば、長期休暇中の合宿計画の立案に選手自らが関わって、合宿地の選定、宿泊地や練習会場の調整、交通手段の確保などを責任をもって行えば、その過程で、運動部の枠組みを超えて社会と接続できるという利点もあります。

あるいは、運動部単位でスポーツ教室を実施して、選手が指導者役を担当することも成長を促すポイントです。自身が積み上げてきた競技経験をアウトプットすることで、選手としての思考を整理できますし、指導側に立つことで客観的な視点を持つきっかけになるかもしれません。こうした機会を学生に提供することも、デュアルキャリア支援の一環でしょう。

図4　大学生アスリートに対するデュアルキャリア支援の一例

⑥ UNIVASの誕生とその意義

ここまで、大学生アスリートに対するデュアルキャリア支援について考えてきましたが、ひとつの大学が単独で、多岐にわたるアスリート支援を充実させることは容易ではありません。それなら、一大学の枠を超えて、アスリートを「みんなで育てる」という視点も大切ではないでしょうか。そのように考えると、大学スポーツ全体を視野に入れて事業を展開する競技横断的な組織にも大きな期待が寄せられます。

2019年3月、UNIVAS（一般社団法人大学スポーツ協会）が誕生しました。UNIVASが設立時に掲げた理念は、「大学スポーツの振興により、卓越性を有する人材を育成し、大学ブランドの強化及び競技力の向上を図る。もって、我が国の地域・経済・社会の更なる発展に貢献する。」というものです。この組織が人材育成も重視していることがわかります。

UNIVASでは、各大学や各競技の学連が単独では実施が難しい、あるいは共同での実施が効果的な事柄について、デュアルキャリア支援を含む各種の事業を展開しています。UNIVASの取り組みは、各大学が抱える問題を解決する手掛かりともなります。UNIVASが大学生アスリートに対してキャリア支援事業を展開することで、それぞれの大学が不足している部分を補うことが可能になるからです。

大学生アスリートが「自分－スポーツ＝？」という問いに立ち向かうためには、デュアルキャリアの視点が欠かせません。大学生本人の自発的な取り組みが必要なのは言うまでもありませんが、アスリートを抱える大学は、学生を競技に集中させるだけではなく、自身のキャリアと向き合う環境を整備できているでしょうか。ひとつの大学ですべて完結できないなら、ＵＮＩＶＡＳをはじめ外部団体の手も借りながら、支援の充実を図ることが大切です。

念のために付け加えますが、筆者は、大学卒業後に競技を継続することに否定的なわけではありません。いつ競技生活を終えたとしても、次のステージに向けてスムーズに切り替えられるように、しっかりと準備していくことがとても大切だと考えています。

「私からスポーツを取ったら何も残らない……」という思考に陥る大学生が一人でも減り、「私からスポーツを取っても、私は私！」と自信を持てる大学生が一人でも増えることを願います。

文献

野口順子「アスリートはどんな道のりを歩むのか」『体育の科学』68巻12号、２０１８。

『大学スポーツ振興に向けた大学スポーツ統括業務の手引書』大学スポーツ協会、２０１９。

「大学スポーツの振興に関する検討会議最終とりまとめ――大学のスポーツの価値の向上に向けて」文部科学省、２０１７。

「『デュアルキャリアに関する調査研究』報告書」日本スポーツ振興センター、２０１４。

荒井弘和ほか「大学生アスリートのスポーツ・ライフ・バランスに関連する要因――デュアルキャリアの実現に向けて」『スポーツ産業学研究』28号、２０１８。

Education & Training: EU Guidelines on Dual Careers of Athletes: Recommended Policy Actions in Support of Dual Careers in High－Performance Sport. 2012.
P. Wylleman, A. Reints. A lifespan perspective on the career of talented and elite athletes: Perspectives on high-intensity sports, Medicine and Science in Sports, 20(2), 2010.

プティパら著、田中ウルヴェ京・重野弘三郎訳『スポーツ選手のためのキャリアプランニング』大修館書店、２００５。

高峰修「体育会学生の大学・競技生活とキャリア意識に関する調査報告」『明治大学教養論集』４５２号、２０１０。

「スポーツ・インテグリティの保護・強化に関する業務」日本スポーツ振興センターＨＰ、２０１８（https://www.jpnsport.go.jp/corp/gyoumu/tabid/516/Default.aspx）。

Life Skills Education in Schools, World Health Organization, 1994.

杉山佳生「スポーツとライフスキル」『最新スポーツ心理学』大修館書店、２００４。

The top 10 crossover skills from sport to employment, UK SPORT HP, 2016（https://www.uksport.gov.uk/news/2016/11/01/top-10-crossover-skills）.

おわりに

2002年12月1日、全日本学生バスケットボール選手権大会、決勝リーグ最終戦、日本体育大学対青山学院大学、会場は代々木第二体育館。これが、私が経験した大学スポーツのラストシーンです（私は日体大の選手）。約20年が経った今でも、この時の光景は鮮明に思い出すことができます。この試合、コートに立った時間は長くはありませんでしたが、試合終了のブザーが鳴った時には、それなりにやり切った気持ちと、どこか寂しい気持ちが込み上げてきました。

大学スポーツを経験したことがある人なら、誰しもが、心に刻んだ忘れられないワンシーンを持っているのではないでしょうか。それは、試合の場面に限らず、練習、合宿、怪我をした時のリハビリ、あるいは仲間との語らいかもしれません。

競技レベルの高い、低いではなく、ひとりの若者に一生ものの思い出を与えられる大学スポーツの指導者は、まるで演出家のようです。本書に登場した指導者たちは、学生一人ひとりをよく観察し、成長に立ち会い、それぞれの卒業後の姿まで思い描きながら、日々の指導に当たっていました。

インタビューの聞き手として感じたことは、8名の指導観は多様であるものの、そこには共通する思考が見出せるという事実です。そのひとつが、「東洋大学」という存在を前景に立てて指導に当たっていることでした。東洋大学は、創立者の井上円了の思想に基づき、世界に広がる多様な価値観を学び、自己の哲学（人生観・世界観）を持つ人間の育成を教育理念としています。これに呼応するかのように、指導者たちは、スポーツをする学生に深く「哲学する」ことを要求し、成長へと導く営みを繰り返していました。それは、各々の指導哲学、選手への問いかけ方、チーム運営の方法、ミーティングの設計など随所に見て取れます。

学生に対して「スポーツだけの人間にはなるな」と常に諭していることも共通の考え方です。皆、それぞれの語り口で、部活動という枠組みの外側にある世界に積極的に触れること、そして学業に真剣に取り組むことの重要性を説いています。若かりし日々をスポーツに捧げることの価値を認めながらも、それだけでは十分ではないと強調するのです。まるで、スポーツを含めたすべての大学生活が、競技の世界を超えて、人間としての成長の糧になると確信しているかのようでした。だからこそ、大学の試合で勝つことや、国際舞台での活躍を目標として掲げながらも、「なぜ、競技をするのか？」「勝ってどうなりたいのか？」「最終的にどこを目指すのか？」という目的や理念を最上位に位置づけ、徹底的に学生に問いかけているのでしょう。

失敗から学ぶというマインドも、学生の成長を支える共通項です。成功した時よりも、上手くいかなかった時をタイミングと見定めて、学生に自省を促し、自分自身で先を見据えた的確な判断ができるように後押しする思考が見出されます。指導者たちは、勝利への徹底的なこだわりを持ちながらも、学生がスポーツの力を借りて人間的な成長を遂げるプロセスにも重きを置いているのです。

東洋大学からは、大学スポーツ界はもちろん、プロスポーツやオリンピックの舞台で活躍するトップアスリートも数多く育っています。それぞれの運動部において、母体となる大学の理念を意識したスポーツ指導がなされ、学生もこれに呼応してきたことで、特定のスポーツに偏らずに多様な競技からトップアスリートが生まれる土壌が形成されてきたのではないでしょうか。

スポーツに打ち込む大学時代は、長い人生の中でかけがえのない時間です。本書に登場した指導者たちが口をそろえて言ったように、大学生にとっては今が「その時」なのです。日本全国で競技に励む大学生には、自分自身と向き合い、将来設計もしながら、スポーツに打ち込む輝かしい青春時代を過ごしてほしいと切に願います。

本書が、大学スポーツの発展にわずかでも寄与するところがあれば、この上ない喜びです。

本書の企画から出版にいたるまで、晃洋書房編集部の吉永恵利加さんには大変お世話になりました。記して謝意を表します。

2022年1月

編著者　谷釜尋徳

INTERVIEW

インタビューにご協力いただいた指導者のみなさま（掲載順）

平《ひら》井《い》 伯《のり》昌《まさ》 東洋大学水泳部監督／東洋大学法学部教授

酒《さか》井《い》 俊《とし》幸《ゆき》 東洋大学陸上競技部長距離部門監督

土《つち》江《え》 寛《ひろ》裕《やす》 東洋大学陸上競技部短距離部門コーチ／東洋大学法学部教授

三《み》浦《うら》 数《かず》馬《ま》 東洋大学ボクシング部監督

杉《すぎ》本《もと》 泰《やす》彦《ひこ》 東洋大学硬式野球部監督

福《ふく》永《なが》 昇《しょう》三《ぞう》 東洋大学ラグビー部監督

佐《さ》藤《とう》 信《のぶ》長《なが》 東洋大学バスケットボール部男子部ヘッドコーチ

鈴《すず》木《き》 貴《たか》人《ひと》 東洋大学アイススケート部ホッケー部門監督

COMMENTARY

解説執筆

金《かね》子《こ》 元《もと》彦《ひこ》 東洋大学バドミントン部部長／東洋大学ライフデザイン学部准教授

谷《たに》釜《がま》 尋《ひろ》徳《のり》 東洋大学バスケットボール部女子部監督／東洋大学法学部教授

《編著者紹介》

谷釜尋徳（たにがま　ひろのり）

東洋大学法学部教授

日本体育大学大学院　博士後期課程修了

博士（体育科学）

専門はスポーツ史。

著書に、『歩く江戸の旅人たち』（晃洋書房、2020）、『江戸のスポーツ歴史事典』（柏書房、2020）、『ボールと日本人』（晃洋書房、2021）、『オリンピック・パラリンピックを哲学する』（編著、晃洋書房、2019）、『そんなわけでスポーツはじめちゃいました！ 図鑑』（監修、主婦の友社、2021）など。

スポーツで大学生を育てる

東洋大学の指導者に学ぶコーチング・メソッド

2022年３月10日　初版第１刷発行

編著者　谷釜尋徳©

発行者　萩原淳平

印刷者　江戸孝典

発行所　株式会社　晃洋書房

京都市右京区西院北矢掛町７番地

電話　075（312）0788㈹

振替口座　01040-6-32280

印刷・製本　共同印刷工業㈱

ブックデザイン　吉野綾

ISBN978-4-7710-3610-9